ほんとうの構造主義

言語・権力・主体

出口 顯

Deguchi Akira

1210

NHK BOOKS

NHK出版【刊】

Printed in Japan
［校閲］大河原晶子
［DTP］㈱ノムラ

はじめに

　日本では、一九六〇年代末に構造主義と呼ばれる思想がブームになった。雑誌で数多くの特集が組まれ、翻訳も含めて関連図書の刊行が相次いだ。[(1)] ブームの震源地はフランスであり、構造主義の旗手と目された文化人類学者クロード・レヴィ゠ストロース（一九〇八―二〇〇九）による『今日のトーテミスム』『野生の思考』[(2)] の出版が、ブームの火つけ役のように語られることが多い。[(3)]

　二冊の書物は一九六二年に出版された。この年、北アフリカのアルジェリアがフランスから独立した。ヨーロッパの植民地政策が終焉を迎え、西洋を世界の中心、文明の頂点に位置づけるという西洋至上主義的な思想が揺らぎだした頃に登場し注目されたのがレヴィ゠ストロースの著作であった。とりわけ『野生の思考』の最終章は、それまで世界的に幅をきかせていた実存主義哲学の領袖《りようしゆう》ジャン゠ポール・サルトルの歴史意識やそこに潜む西洋中心主義的な価値観を批判していたため、構造主義は実存主義に代わる新たな哲学と期待された。[(4)]

　構造主義ブームのピークは思想史家ミシェル・フーコー（一九二六―八四）の『言葉と物』[(5)] が刊

行された一九六六年で、ブームは六〇年代末まで続き、六八年のいわゆる五月革命の頃から退潮していく。その後は、ジャック・デリダ、ジル・ドゥルーズらのポスト構造主義（しかし彼ら自身が自らの思想をこう呼んだのではない）に取って代わられることになる。構造主義の代表的思想家には、レヴィ＝ストロース、フーコーのほかに、文芸批評を中心に活動したロラン・バルト（一九一五―八〇）や精神分析のジャック・ラカン（一九〇一―八一）がいる。彼らは、構造主義の四銃士と呼ばれた(6)。

本書は、今日的観点も踏まえて、構造主義の思想を、この四人を中心に読み直そうとしたものである。

現代思想に多少なりとも通じた読者の中には、今から半世紀前の思想を読み返すことに意義などあるのかと思われる方も多いと思う。しかし構造主義は、とりわけ日本では十分理解されることのないまま今日にいたっている。例えば「構造（structure）」という概念そのものが、あたかも建築物の骨組みのようなものと誤解されている。ポスト構造主義者とくくられレヴィ＝ストロースにはとりわけ批判的なジャック・デリダのキーワードが「脱構築（deconstruction）」であったから、構造主義とは構造すなわち強固な体系の構築を目指す思想であるかのごとく受けとめられたふしがある。しかし第三章でみていくように、全《まった》くそうではないのだ。

構造主義では個々の要素や事項よりも、あるいは主体的・意識的にふるまう個々人よりも、個に先立ち個の意味を決定する関係性が強調される。この関係性が個々の要素の意味を決定するからである。きわめて雑駁《ざっぱく》な物言いだが、この関係性が構造ということになる。構造は固定し硬直したものではなく、別のものに変換・変形（transformation）されるというしなやかさをもっている。

例えばある部族が、鷲《わし》、熊、亀を集団の紋章や名称（トーテムという）にしている三つの氏族に分かれていたとする。なぜこれらの動物がトーテムになるのかを考えるとき、鷲、熊、亀をばらばらにとりあげるのではなく、三つをセットにしなくてはならない。すると、それらは自然界を空・陸・水に分割する三項対立の一つ一つの要素を象徴しており、人間集団も鷲、熊、亀と名づけられることで自然界に対応するよう、三項対立的に分割されていることがわかる。あるとき熊の氏族が絶滅する一方、亀の氏族が急激な人口増加で灰色亀の氏族と黄色亀の氏族の二つに分かれたとする。このとき人間集団の三分割は変わらないようにみえるが人口変動が空・陸・水にもとづく三分割構造を解体したと考えるべきではない。そうではなく、三項対立は、二つの二項対立（鷲：亀：：空：水という二項対立、そして色の明暗により黄色：灰色：：昼：夜という二項対立）からなる四項対立へと変形されたのである。人口変動が構造を破壊したのではなく、構造は衝撃を吸収し、体系を（違う形でだが）立て直すことが可能なのである[7]。しかし構造のこのような特性はなかなか理解されてこなかった。

レヴィ＝ストロース、フーコー、バルト、ラカンが構造主義の四銃士と呼ばれたと述べたが、フーコーは「私は構造主義者ではない」といち早く宣言し[8]、バルトも一九七〇年代には構造主義に訣別《けつべつ》して、彼らがときにポスト構造主義者とみなされたことも、構造主義の理解に混乱を招いた一因である。ある意味で「純粋な」構造主義者であるレヴィ＝ストロースも、彼ら四人の間に共通性はなく、ひとまとめにされるのが不愉快だったと述べている(9)。しかし脱構造主義宣言をしたあとのフーコーやバルトの思考や分析のスタイルにも、レヴィ＝ストロース的な二項対立的思考法という特徴を見いだすことができる。よく言われるように構造主義とポスト構造主義は全く断絶した異質な思想ではなく、主体や体系の否定という問題意識を共有している。本書のバルトとフーコーの論文を細かく読み解いた部分では、こうした点の一端を明らかにしようと試みた。

しかし、「主体の否定とは、理性的に思考し行為する自立した個人・自己すなわち主体というものが初めからあるのではなく、他者との相互作用によってそれが形成されるということであるのなら、それは今日すでに自明なことではないのか」と疑問をもたれる方もいると思う。だからなぜ今さら構造主義なのだと。

そうではない。このような考え方は実は構造主義的思考とは何の関係もない。これが構造主義の考え方だと思い込んでいるとしたら、構造主義に対する誤解はなくならないだろう。

この誤解の前提には、個人＝主体とは言えず、他者との相互作用で個人は主体になりうるという想定がある。しかしそこでは、個人というものの外部に、他者と他者との関係が個人とは独立して存在しているという「常識」がさらに潜んでいて、その自明性は疑われていない。

構造主義が唱えるのはそのような考えではない。他者や他者との関係のネットワークが展開する場は、個人から切り離された独立の外部に位置するのではなく、個人の内部に巻き込まれているのである。他者との相互作用によって個人は主体になるのではなく、序章で扱うシベリアのユカギール族の例が極端な形で示すように、個人は、あるいは自己とは「他者」なのである。

他者や関係性を切り離さず自己の内部に巻き込ませる働きをするのが、言語という象徴的秩序である。言語は個人に先立って存在し、しかも個人の思考や行動を拘束する。しかしこの言語に拘束されながらすでに誰かの言葉であったものをくり返し発言することで、人は主体性や自立性を獲得する。つまり言語の拘束や言語を媒介にした関係性に拘束されることこそが主体の出発点である。この拘束性を権力あるいは権力作用と呼ぶことができる。この権力作用に注目し強調したのが構造主義者だった。権力の網の目にからめ取られるということが、個人や主体に先立つのであり、それは単なる相互作用ではなく権力関係である。権力関係とはいわゆる国家権力に限ったものではなく、生活の場でのミクロな人間関係の網の目のことであり、人間存在の前提である。このことをわきまえておかねばならない。さもないと、自由や主体性を人は誤解してしまうことになる。

しかし、主体が主体たりうるのは権力関係にからめ取られているからというのなら、自由はありえないのではないかという反論が予想される。そのような反論者は権力の外部に出ることを口にするが、それも安易な思考である。外部はないのだ。ではどうするか。

その方法がレヴィ＝ストロースによる「人を喰う（アントロポファジーの）社会」の思想、あるいは単一性を分割していく「双子の思想」である。本書で述べるように「人を喰う社会」とは、逸脱者から集団との絆を奪ってしまわない社会のことを言う（第十二章）。人を喰う社会は、自らの社会にとって脅威となる存在や異質な他者を排除してしまうのではなく、自らのうちに取り込み、それらとの対《つい》において自らをとらえ返し、組み替えようとする。こうした社会では個人も単一的な存在ではなく、双子の片割れとみなされている(10)。自己を「一」ではなく「二」としてとらえ、対をなす「他者」のまなざしによってみつめられる存在であることを自覚し、周囲や世界に対して謙虚になろうとする姿勢がそこにはある。

自己はすでに他者を巻き込んでいる存在であるということは、ルネサンス以降の西洋型の人間観とは異なる、古典古代や新大陸先住民にみられる関係論的な主体論へも展開するのである。安易に外部に出ず、「人を吐き出す」のではない「人を喰う社会」を構想しその可能性に賭けるのが構造主義である。だとしたら、自立した主体が初めからあるのではなく、他人との相互作用で自己が形成されるのであり、実は自立した主体という考え方は解体されうるのだ、と口にしてもそれは構造主義の理解からはほど遠いのである。

構造主義と同じような考えにみえる近年の分人(dividual)論も、基本的には個から出発しているのであれば、やはり構造主義にはほど遠い(第十三章)。それだけ、関係論的主体論＝双子の思想＝人を喰う社会の思想の達成が困難であるということだが、この困難にどこまでも向き合うことが必要である。さもないと安易な主体論から私たちは逃れられない。

双子になって人を喰う社会を構想することに向かい、もう一度構造主義を読み直してみようというのが、本書の目的である。

目次

序　章●シベリアのラカン

人はみな誰かの生まれ変わりである

シベリアの採集狩猟民ユカギール族では、人は、その人が誕生する直前に死んだ親戚など誰かの生まれ変わりであるといわれる。(1) ある若い母親は自分の息子が自分の母方の曽祖父の生まれ変わりだと言った。ある日イゴールと息子の名を呼んだとき、息子は「俺の名はイゴールではない、トムプラだ」言い返してきた。息子はまだ三歳で意味のないことを言っているだけだと母親は思ったが、年老いた親戚が、トムプラというのは母方の曽祖父のあだ名だったと教えてくれた。息子は自分が曽々祖父の生まれ変わりで間違った名前を与えられたと言おうとしたのだ。このことがあってから息子にトムプラと呼びかけるようになると、息子は落ち着いてきて反抗的でなくなったという。

また老女イリナによると、彼女の十二歳の孫息子パヴェルは死んだ夫の生まれ変わりである。五歳のとき彼は「森へ一緒に狩りに出かけたときになくした長靴のことを覚えているか。俺が見つけて食べ物と一緒に木の中に入れておいたよな」と話しかけてきた。彼が言ったことは本当にあったことだった。イリナは、パヴェルが話していると夫の声が聞こえるという。パヴェルはイリナに野ウサギや魚を捕まえてはもってきてくれる。「狩りの仕方は夫と全く同じで話し方もそう……。昔（夫に）そうしたように服を着せ繕《つくろ》い物をしてあげている」。

イリナはパヴェルを孫と呼ぶ。しかしその一方で彼女は彼のことを帰ってきた夫とみている。二重の視点（パースペクティヴ）が一人の人物のうちに収斂《しゅうれん》していると、ユカギールを調査したラネ・ウィレッスレヴ（一九七一―）は述べている。(2) 昔夫にしたのと同じようにパヴェルに服を着せ繕い物をするとき、イリナは祖母の視点からのみあるいは妻の視点からのみパヴェルのことをみているのではなく、同時に二つの視点からみているのである。孫と日々接することで彼女は夫の存在を体験できるのである。しかし、だからといって彼女は孫を亡き夫そのものとみなして孫としてみようとはしないのではない。そうするのはユカギールにとって子どもの自立性を侵害する異常な行動であるという。

ユカギールの生まれ変わりという観念は、彼らの人格観を考えるだけでなく、ラカンの精神分析の理論や構造主義者たちの基本的な考え方を理解する上でも興味深い。そのためにもう少しユカギールについてのウィレッスレヴの記述を追ってみよう。

人が誰かの生まれ変わりであるということを、「二人は一人であって同一人物なのだ」とユカギールは言う。「しかしその人の身体は彼あるいは彼女自身である」とつけ加えるのを彼らは忘れない。イゴールはトムプラであるが、今この場にいる幼い身体はイゴールであって、トムプラと同一人物であるにせよ、トムプラの性格の一部を再現化したにせよ、イゴールはイゴールであることをやめたわけではないのだ。

ユカギールにとって、人はいついかなるときもその人でしかないのではない。誰かの生まれ変わりでもあるのだ。しかし生まれ変わりとは、十年前にヒットした映画のタイトルのように死者の「黄泉《よみ》がえり」ではない。孫は亡夫であるが、それは彼が孫であることを否定するものではない。ここにみられるのは、複数の自己が一人の人物の身体に共存しているということである。これは、精神分析の創始者ジークムント・フロイト（一八五六―一九三九）の思想の核心を衝くものとしてラカンが引用する、アルチュール・ランボー（一八五四―九一）の言葉そのものである。

私とは一個の他者だ。(3)

そしてそれは同時にその人物とかかわる人のうちに複数の視点が併存しているということでもあるが、これは私たちの常識とは異なる人間についての理解である。人は主体（これ以上は分割不可能な個＝核としてすべての人間関係の出発点となり、能動的・自主的に行動する存在）であるという、近代西洋にみられる人間観で今日の私たちも当たり前のこととして受け入れている人間観に、揺さぶりがかけられている。西洋の内部で西洋に対してこの揺さぶりをかけたのが、ラカン、レヴィ＝ストロース、フーコー、バルトらであった。その共通性ゆえに彼らの思想は、構造主義として一くくりにされたのである。

私ではない私の身体

構造主義においては、身体にも揺さぶりがかけられている。再びユカギールを例にしよう。(4)調査者のウィレッスレヴがユカギールの男とエルク（鹿の一種）を狩りに出かけたときのことだ。森の陰に潜んでいたエルクを仕留めようとユカギールが動いたとき、彼は履いていたスキーでつまづいて転び、物音に気づいたエルクは逃げてしまった。男は「このくそったれめ」と叫んだ。自分が非難されたと思ったウィレッスレヴは「何もしていないじゃないか」と言い返すと、男は説明した。「おまえのことじゃない。なにかくそったれな理由で俺の脚は俺がエルクを仕留めるのを認めなかったんだ、みただろ」。身体あるいはその一部がその身体の持ち主の人格から独立した自立性・主体性をもつとユカギールは考えている。このような主体性をウィレッスレヴは、（アメリカの思想家ジュディス・バトラー〔一九五六―〕が提唱して有名になった概念にちなんで）エージェンシーと呼んでいる。

著名な思想家モーリス・メルロ゠ポンティ（一九〇八―六一）を始めとする現象学者たちは、身体を対象物や所有物ではなく自己そのものであると考える。それは間違っていない。しかし、身体は同時に他者でもあるのだ。ユカギールの狩人は背中が痛むと大きな獲物を仕留めるだろうと予感する。なぜなら「背中が痛むのは、俺がすぐにたくさんの獲物の肉を担ぐだろうと、背中が俺に教えてくれるからなんだ」。

ユカギールは身体部分のエージェンシーを、そこにアイビー（魂あるいは影、ayibii）が宿ると説明する。アイビーには物質性があるとユカギールでは考えられている。人によって考え方は異なるが、ウィレッスレヴが信頼しているユカギールによると、アイビーは一人の人間に一つで骨格に宿るが、体中に分散し、心臓や頭などお気に入りの器官・臓器などに住みつき（影に宿ることもある）、それぞれがエージェンシーとなる。アイビーが宿る身体の部位はある人格の内部にあるもう一つの人格だと考えられている。狩人はアイビーは自分たちとは別の存在であり、ときには無視したりときには要求に従わせるべき他者ととらえている。

このような身体観は、現代の西洋の身体観、例えば現象学的社会学者のアルフレッド・シュッツ（一八九九―一九五九）が次のように述べる自己と身体の関係とは大きく異なる。

> 日常世界で自己はその活動の著者（author）として、あるいは生起する活動の創始者（originator）として、つまり分割されることのない全体的自己として経験される。(5)

私たちは私たちの身体を通して世界の中で行為する。私たちの身体は私たちの活動の主体であり、身体を通じて私たちは経験し理解し世界に働きかける。シュッツのこの主張は個人の身体についての西洋モデルとも言えようが、ユカギールが挑戦しようとする身体モデルでもある。ユカギールにとって、身体は「私」だけれど「私ではないもの」であり、「自己」だけれど「他者」でもある。人は、意識する精神と、身体に根ざしそれ独自の意図をもつ複数のエージェンシーとが共存する人格なのである。もちろん、ときには分割のない身体的主体として存在する場合もある。

鏡像段階

このような彼らの身体観を理解する上で有効なのがジャック・ラカンの理論だとウィレッスレヴは述べるが、ここではこれを逆転させ、ユカギールの身体観を導入としてラカンの理論の一部に接近してみよう。アイビーという身体観は、ラカンの言う鏡像段階を理解する手がかりになる。

アイビーはその所有者にとって援助者となるが、その見返りとして食物を要求する。そのためアイビーを表す木彫りの像を森に持って行き、動物を仕留めたときはその血と脂を像の口と手に塗ってアイビーを満足させる。ユカギールは、自らの身体に宿り自分から独立しているアイビーを木像で可視化して、食物を捧げることで懐柔《かいじゅう》しようとしているのだが、それによって自らの身体の部位(つまりアイビー)を自らに統合して、自分自身を一つのまとまりある全体にしようと試みているのだとウィレッスレヴは言う。このメカニズムが、「鏡像段階」に類似しているのである。

フロイトによれば、「前エディプス期」と呼ばれる幼児の発達期の初期段階では、主体と客体(対象)、幼児自身と外界との間に、明確な境界線は引かれていない。幼児は、母親の身体と「共生的」な関係を生き、両者の身体の境目は曖昧《あいまい》である。「自己」の境界が画定し一つの中心となっていない状態、すなわち「自己」(幼児)のすべてがあたかも対象(母親)に流入する一方、対象もまた「自己」へと流入するという、「自己」と対象の間で閉じた交換過程(相互に流入し続けるというプロセス）が形成される状態をラカンは「想像界」と呼んだ。[6] しかしこの「想像界」状態の内部で、統一された幼児の自己イメージが発生しようとする、それが鏡像段階である。

生後六カ月から十八カ月の乳児が鏡に映る自分の姿をじっと見つめる。まだ肉体的に調整のとれていない子どもは、鏡の中に完成されて統一された自分のイメージが映し出されるのを発見する（チンパンジーは鏡に映った左右逆転したチンパンジーの像をみても、そこに自己のイメージを見いだしはしない）。しかし、鏡に映るイメージは、鏡という自分の外にあるものであり、いわば自分であって自分でない。主体と客体の区分は不明瞭である。つまり、鏡という自分の外部にある物質と向き合うことで、子どもはばらばらではなく統合された全体（身体の全体的形態）として一つにまとまった自己を手に入れることができるのである。

鏡に映る像という外界（環界、Umwelt）の中に自分と同一視できるものをみつけることによって、統一された自己という意識を強めていく過程が、ラカンの言う鏡像段階である。[7]

ユカギールは、木像のアイビーと自分をすっかり同一視しているわけではない。しかし、木像は自己と無縁なものでもない。身体あるいは身体部位という自己の一部もしくは大部分を木像が体現しているからである。それを自己に手なずけることで自分ではない身体を自分のものにする。それによってユカギールは、統一された自己という意識を獲得できるのである。

外界にあるものとのかかわりの中で、そのものに自己の身体イメージを見いだして（創造して）自分自身の身体と同一化して自己を形成しようとするメカニズムが存在すること、それがラカンの思想のポイントの一つなのである。

「私」の発生

ユカギールにとって、自己が自己であるためには、他者を内在化しなくてはならない。この他者とは、(木像の)アイビーであったり、先に述べた死んだ親戚であったりする。自己という「一」になるには、「二」が必要なのである。木像や死んだ親戚を介して人は自らになる、あるいは自らであるということは、自己は全き自己(「一」)としてあるのではなく、異なるもの＝他者を伴っている、つまり「二」としてある。木像や死んだ親戚が自分でもあるという感覚をユカギールは得るが、それは「鏡像段階」にもあてはまる。自己あるいは主体が主体であるためには、鏡とそこに映った像(みている自己とは左右逆である)という客体すなわち他者が必要である。イメージという他者と一体化してそれを吸収し自らのイメージにする。鏡のイメージを自分の身体だと了解する。つまり、主体が鏡のイメージという他者のうちに自らを「見失う」とき、主体は主体たりうるのである。

ここまでシベリアの先住民ユカギールと鏡像段階における幼児の認識を比較してきたが、だからといってユカギールの成人の精神レベルがヨーロッパの乳児と同じ発達段階にある、あるいは精神病にかかっていると考えてはならない。そうではなく、自己が他者や外部との関係を自らの中にとり込んで形成されるという人間の精神のメカニズムを、彼らなりに表していると考えなくてはならない。これはのちに述べるレヴィ＝ストロースの思想にもつながることである。死んだ親戚の生まれ変わりというように、自己の内側に他者が潜む、あるいは自分の身体が自分ではなく他者であるというとらえ方は、「身体《からだ》が言うことを聞かない」とつい口にするように、私たちにもなじみのあるものである。私の身体も鏡に映った私の身体イメージも私には他者なのである。夏目漱石はイギリス留学中にロンドンの通りを歩いていたとき、窓ガラスに映った背の低く色の浅黒いみすぼらしい男が自分だと、初めは認識できなかったという。

統一のとれた身体をもつ分割不可能な自立した個人や自己を初めに想定するのではなく、人間の根源にまでさかのぼり、周囲の世界やそこにある物＝者（これらを総称して以降「他者」と呼ぶ）を内部にとり込む、あるいはそれらと一体化するというように、他者を巻き込み他者に巻き込まれるというかかわりの中で、主体や自己が形成されると考える思想。それが構造主義である。構造主義は常識を覆す。

第一部

主体と作品の解体

第一章●作者はなぜ死んでいるのか

神学的読解への批判

序章の末尾で、「構造主義は常識を覆す」と述べた。覆される常識とは何か。それは、初めに主体が存在し、そのあとで主体が他者との関係を築きあげるという通念である。その自明性が否定される。主体は常にすでに他者を巻き込み、「私とは一個の他者である」のなら、それ自身で独自に存在するという常識的な意味での主体は、構造主義の思考では、解体される。

この主体の解体は、文学を研究するバルトにおいては、作者の死として語られる(1)。小説であれ詩であれ、文学の現状におけるイメージは、作者のまわりに集中している。ある文学作品の説明が、それを生み出した者の人格、経歴、趣味、情熱などに求められるのである。例えばある小説にはその作者の言いたいこと(メッセージ、人生観、思想)があり、それをつかむことが作品を読むことだと国語の授業では学ばせられる。

作者と、彼もしくは彼女が生み出した書物とは、同一線上の前と後に位置づけられる。作者は彼自身の書物(作品)の過去であり、作者と書物は父と子のような関係なのだ。作者は書物(作品)

より前に存在し、書物のために考え、悩み、生きる。作者が生み出した作品は、作者（さらには彼もしくは彼女が生きた時代、社会）を反映するものとなる。読むことあるいは批評は、作品の「背後に」作者を発見することが任務であり、「作者」が見つかれば、批評家は（あるいは生徒は）勝利することになるのだ。しかしなぜそれが正しい読み方なのだろうか。

こうした従来の作者・作品観をバルトは神学的と呼ぶ。作品の父である作者は神であり、神のメッセージを出現させるのが作品であり、作品を読むとは聖書を通して神の意志を解釈するようなものだからだ。(2) それをバルトは解体する。

神学的読解は、作品を階層的な閉鎖空間にしたてあげる。究極の深層部には作者がいて、その思想、メッセージによってエクリチュールを支配する。エクリチュール（écriture）とは、文字および文字で記《しる》された語句、文章のことだが、さらには文体、文学作品そのもの、書く行為をも指す。エクリチュールには意味やメッセージが明示されたり含意されたりしており、絵画、写真や映画もエクリチュールとバルトはみなしている。バルト以前は、そしてこれから述べるように、バルトを経過したはずの今日においても、エクリチュールは作品として作者に拘束されると受けとめられてきた。(3)

しかし、どのような作品のどのような文体や文章も常にすでに別の時空、別の作品で発せられ書かれたものである。もちろん使われ方、込められた意味は異なるにせよ、どのようなエクリチュールもそれ以前に出現したエクリチュールと全く無関係になりたっているのではない。例えばハワード・ホークス監督の『リオ・ブラボー』は痛快無比の傑作西部劇としてそれ単独で楽しめるにせよ、もともとはフレッド・ジンネマン監督、ゲーリー・クーパー主演の『真昼の決闘（ハイ・ヌーン）』への批判として製作された。(4) またケビン・コスナーの『ダンス・ウィズ・ウルブズ』はジョン・フォード監督、ジョン・ウェイン主演の西部劇『捜索者』を裏返しにしたような作品である。

映画であれ文学作品であれ、エクリチュールとは、それ以前または同時代の種々の文化的・言語的活動が端から端まで貫いている立体的な音響空間として考えるべきなのだ。エクリチュールは閉ざされていない。そこでバルトは、作品に代わり「テクスト」という概念を導入する。作品が唯一の神学的意味（作者＝神のメッセージ）を伝達するために一列に並んだ語からなりたつのに対して、テクストは、並んだ語の奥に潜む神のメッセージを拒否する。

テクストは開かれている

作品が作者＝神によって支配された閉鎖空間であるのに対して、バルトの言うテクストとは、対照的に「開かれた」ものだ。テクストが開かれているなら、作者が自らだけでつくりあげたと思っている文体やその思想も実は暗黙裡にせよ、それ以前のテクストとの対話を前提としている。ある推理小説というテクストが初めて教師による生徒の殺人を告白形式で物語り、それ以前のテクストでそのような題材がとりあげられることがなかったとしてみよう。そのような物語が存在しなかったからこそ、そのテクストは書かれたのである。

「いや、似たような物語はあった」という反論が投げかけられるかもしれない。しかし仮にあるにしても、教師の告白によって謎が明らかになる形式はなかったとも言える。あるいは「生徒の告白」によって謎が明らかになる形式が先行しており、それが評判を呼んだから、それに対抗して「教師の告白」というエクリチュールが生み出されたということも考えられる。

このように、独創的とみえるものも必ず同時代や過去のテクストとの対決を踏まえているし、ある種の言葉遣いも前例のあるもの、前例をひねったものであったりする。

もちろん既知の文法のルールに従った運用が制約としてそこには課せられることになる。そのような前例との対話をバルトは「引用」という語で表している。「あるテクストを構成している引用は、作者不詳、出典不明であるが、しかしかつて読んだものである。それは引用符のついていない引用である」「あらゆるテクストはテクスト相互関連にとらえられる(5)」。しかしどこかにただ一つの起源や源泉が求められるとは言い難く、影響関係は錯綜している。「『テクスト』とは、いかなる言語活動も他の言語活動の優位に立たず、すべての言語活動が（循環《シルキュレ》する、というこの用語の意味をも保ちつつ）交流《シルキュレ》する空間なのである(6)」。あるテクストはそれ以前にあったテクスト群を引用し、それ以後のテクストに引用される。その意味で「テクストはそれ自体が他のテクストの中間テクスト《アントル・テクスト》である(7)」。だとしたら、作者を超越的な神の位置へとまつりあげることは、もはやできなくなるだろう。「テクスト」は「父」の記名なしに、その父親の保証がなくても読むことができるのである(8)。そのとき、作者の人生はその創作の起源となることはない。むしろテクストから人生への逆流も起こることがあるのだ。

フランスの作家マルセル・プルースト（一八七一―一九二二）はその人生を小説にもり込んだのではなく、自分の人生そのものを一個人の作品に変えたのであるとバルトは言っている。実在の人物や人生が小説のモデルなのではなく、『失われた時を求めて』が彼の人生のモデルのようなものだったのだ。(9)

例えばレヴィ゠ストロースは、幼くてまだ歩けず字も読めない頃、乳母車に乗っていたとき、肉屋（boucher）とパン屋（boulanger）の看板の最初の三文字は、同じような形をしているから「ブー」（bou）という音を表しているに違いないと叫んだという。幼い頃から構造の中の不変項を見つけ出そうとしていたことになるとレヴィ゠ストロースは述懐している。(10) こういうエピソードを聞くと人は、（第二章以降でくわしく述べることになる）構造分析的志向のあったレヴィ゠ストロースがのちに構造主義の旗手になったと思いがちであるが、そうではないのだ。構造主義的思考にもとづき試みられる構造分析を発表し続けたゆえに、レヴィ゠ストロースは自らの人生の始まりの中に不変項への意志を発見したのである。

作者はテクストに先んじたり、それを超えたりする存在ではないのである。(11) 神である作者はいない。したがって構造分析は、「テクストを解釈し、テクストのありうべき唯一の意味を提示しようとするものではなく、テクストの真実、テクストの深い構造、テクストの秘密をめざす秘義解釈的《アナゴジック》な歩みにしたがうもの」ではなくなるのである。(12)

意味の生成とはどういうことか

テクストという作者が死んだ空間は、配列した語を読んでいけば意味が浮かびあがる一元的な空間ではない。それは多次元的・多層的であって、ある一つの究極的意味を伝えようとはしていない。テクストではさまざまな「エクリチュールが、結びつき、異議をとなえあい、そのどれもが起源となることはない」[13]。究極の意味を与える神からひき離されたテクストは、単一の意味ではなく意味が複数あることを実現しようとする。「一つのテキスト〔テクスト〕を解釈するということは、それに一つの意味（多かれ少なかれ根拠のある、多かれ少なかれ大胆な）を与えることではなく、反対に、それがいかなる複数から成り立っているかを評価することである」[14]（〔　〕内は引用者注。以下同様）。

テクストにあるのはもはやただ一つの究極の意味ではない。強固な支配―従属の関係から解き放たれた複数の意味が、そこでは拮抗《きっこう》してざわめいているとバルトは考える。あるテクストの内部でどこにどのような意味がちりばめられているのか。またそのテクストに先行する別のテクスト、後続するほかのテクストに見いだされる意味とどう呼応するのか。それを探るのがテクストを読むということであり、それは複数のエクリチュールのもつれを解きほぐしていくことなのである。

テクストはもちろん（複数の何かを）意味するのだが[15]、作者から切り離されたテクストには、最終的な全体や構成など存在しない。したがってテクストの意味することを探るには「最終的な大きな全体や最後の構造に」一気に達するのではなく、「一歩一歩進むこと」をしなくてはならない。(16)それは、読書という作業を映画のスローモーションのように細かく分解して、テクストにいわばひびを入れ砕いていくことである。(17)

この解きほぐしの成果としてあげられるのが有名な『S／Z』（一九七〇年）である。この本はオノレ・ド・バルザック（一七九九―一八五〇）の中編「サラジーヌ」を分析したものだが、しかしその目指すところは、複数の意味と言ってもテクストのあらゆる意味を識別して分類することではない。テクストは開かれていて、意味を見定める範囲が限定されていないのだから、それは不可能である。そうではなくて、バルトの試みは、テクストが開かれているゆえにこれまで気づかれることのなかった意味が浮かびあがってくる、つまり意味が生成されようとするその瞬間に立ち会おうとすることなのである。

意味生成、それは、あるシニフィアンが（それが結びつくと想定されている）特定のシニフィエから解放され、シニフィエなきシニフィアンとしてとびまわることである。

シニフィアンとシニフィエ

ここでシニフィアン（signifiant）、シニフィエ（signifié）について述べておこう。これらはもともと十九世紀末に言語学理論を確立したスイスの言語学者フェルディナン・ド・ソシュール（一八五七―一九一三）の用語である。ソシュールは二十世紀の構造言語学の祖とみなされ、言語学に大きな革新をもたらした偉大な学者である。

ソシュール以前、言葉は「表現」でしかなく、言語より以前に存在する概念や言語以前から世界に実在し分類されている事物を指し示すものと考えられていたが、ソシュールはシーニュ、シニフィアン、シニフィエという概念によって、このような通念を覆したのである。

シニフィアン、シニフィエを説明するために、まずシーニュ（signe）を理解する必要がある。シーニュはふつう言語記号と訳される。日常的には、止まれ、注意、進めなどを表す交通信号の赤・黄・青などや数学の＝、＋、－などが記号であると言う。また、フランス語では黒雲は嵐のsigne、三十八度の熱は病気のsigneなどと言う。つまりシーニュとは直接に知覚できる事象によって、知覚できない別の事象や一定の思想内容を示すものと言える。

しかしシーニュとしての言葉は、言語の外部にあらかじめある現実の事物や意味、概念を指示するのではなく、自らのうちに意味を担っているとソシュールは考えた。表現と意味を同時に備えた二重の存在がシーニュとしての言葉なのである。つまり、ソシュール以後は、言葉とは「表現」であると同時に「意味」であり、混沌とした連続体である現実に働きかけてそれを不連続化しカテゴリーをつくり概念化するのがその機能なのだと考えられるようになった。

シーニュの表現の面をシニフィアン（意味するもの、能記）、意味や内容の面をシニフィエ（意味されるもの、所記）とソシュールは名づけた。ここで注意しなくてはならないのが、シニフィアンが声のような物理音、シニフィエが言語外の現実だと考えてはならないということだ。例えば

「イヌ」という音がシニフィアンで現実の犬がシニフィエなのではない。シニフィアンである「イヌ」という音声が結びつくシニフィエは、「犬」という観念なのである。さらに、シニフィアンである「音声」の性質にも注意しなくてはならない。例えば「アカ」というシニフィアンは実在の物理音ではなく、「アオ」「キイロ」「ミドリ」などほかのシニフィアンとの差異の中でそれとして識別される。

話す人の音声の高低や同一人物の気分によって物理音として発せられる「アカ」は決して同一ではないが、話す側も聞きとる側も同じ「アカ」を発音し、聞きとっていると受けとめられている。一方「アカ」というシニフィアンによって意味された「赤」は「アカ」の内容あるいは色の概念やイメージであり、現実世界に存在する事物のある種の色がシニフィエだと考えてはならない。むしろあるシーニュ「あか」（シニフィアンとしての「アカ」とシニフィエとしての「赤」からなる）が、「きいろ」（「キイロ」＋「黄色」）、「あお」（「アオ」＋「青」）とのかかわりの中で世界を差異化させて、現実に存在するものの色を「あか」というカテゴリーに含まれるものとして識別させると言えよう。(18) 信号機の赤と雨あがりの虹の赤とカラーテレビの赤は、物理学的には必ずしも同じ色調とは言えないが、私たちが同じ赤として認識するのは、それらが「きいろ」や「あお」とは違う色として「あか」と呼ばれるからである。

シニフィアンを解放する

シニフィアンとシニフィエはシーニュの表と裏として分かちがたく結びつく。[19] しかし「言語学的メンタリズム」は、なお日常の場で残存する。これは、言葉は話し手の思考、意向、信条、感情の結果生ずるものとして説明されなければならないという言語学上の立場である。[20] ここでは、概念や思想内容としてのシニフィエがシニフィアンに超越し、シニフィアンを拘束すると受けとめられがちである。

バルトがシニフィアンの解放を説くのはそれゆえである。またシニフィエといえどそれも実は究極的にはシニフィアンでしかない。これはどういうことだろうか。バルトもそしてレヴィ＝ストロースも述べているが、ある言葉の意味がわからないとき辞書をひく。そこで記されている別の言葉が意味（シニフィエ）だと思われがちだが、その言葉自体もシニフィアンとシニフィエからなり、その言葉の意味がわからないとさらに辞書をひく。理論的に終わりはない。このとき辞書でまず私たちの目を奪うのはシニフィアンなのである。この意味でもバルトはシニフィアンをシニフィエから解き放とうと言おうとしている。シニフィエという超越的なものを否定しているのだ。

そのために「ゆさぶらなければならないのは、〔シニフィアンとシニフィエが固く結びついた〕記号〔シーニュ〕そのものなのである。ある言表〔ある言語体系のもとで発声されたり書かれることで産出された語〕の、ある表現法の、ある物語の（潜在的）意味を明らかにするのではなく、意味の表象〔右手が神聖、左手が不浄というようにある観念が別の観念を表すこと〕そのものに裂け目をつくること[21]」。その結果、「テクストがどのように解体され、爆発し、散布されるか[22]」。シニフィエとの結合から解き放たれたシニフィアンはほかのシニフィアンと予期せぬ衝突を起こしたり、想定外の結びつきを発生させてゆくのである。

例えば前述のケビン・コスナー監督・主演の『ダンス・ウィズ・ウルブズ』(一九九〇年製作)は、ネイティヴ・アメリカンが白人に虐《しいた》げられ、居留地に追いやられる前の南北戦争時代にスーインディアン(ラコタ族)と交流し、彼らの地に住みついて彼らに溶け込んだ北軍中尉ジョン・ダンバーを主人公にした映画である。日本公開時には、言葉がなくても心と心で人はわかり合えるという、心の交流が映画のメッセージであるかのような惹句《じゃっく》(キャッチコピー)がつくられた。確かにそのような場面がないわけではない。しかし、惹句に踊らされず映画の画面を観ていくと、ダンバーがスー族に一員として受け入れられ、狼と踊る男と呼ばれるようになったのは、バッファローの群れを見つけ、ジェスチャーではなくバッファローを表す彼らの言葉「タタンカ」でそれを伝えることができたからである。心の交流は言葉がなければ始まらなかったのだ。

ダンバーは、スー族に幼い頃に拾われ、彼らのもとで成長した英語があまり話せない白人女性「拳《こぶし》を握って立つ女」と結婚する。しかしスー族たちに祝福されとり行われた結婚式で、ダンバー(狼と踊る男)はラコタ語ではなく、英語で Thank you. と挨拶してしまうのだ。

スー族の言葉を積極的に話そうとするダンバーと、彼らの生活の場のただ中にあって意図せず英語を口にしてしまうダンバー。この二つのカットはバルトに従うならシニフィアンとみなすことができるが、それらはダンバーの人物像が、監督としてのコスナーが描こうとした「心で交流する善意の人」として収束するのを妨げる。これはいわばシニフィアンの「衝突」である。

また、ダンバーは最初北軍の砦《とりで》で生活し、何度かスー族に遭遇する。そのたびに彼は軍人としてふるまおうとするが、いつもまともに軍服を着られたためしがない。これは、ジョン・フォード監督の傑作西部劇『捜索者』（一九五六年製作）の主人公イーサン・エドワーズ（ジョン・ウェイン）の姿を逆転させたものと言える。エドワーズは、南北戦争が終わっても敗軍である南軍の軍服を着続け、コマンチ族に誘拐された姪を探し続けるのだ。こうして、軍人なのに軍服を着ていない男の映像は、軍人でもないのに軍服を着ている男という映像の記憶を喚起することになる。このように、全く想定されていないはずの連想が生じてしまうことも少なくない。

バルトにとって意味とは、あるシニフィアンがほかの多数のシニフィアンへ送りとどけられる可能性の存在そのもの、複数性の存在そのものなのである。(23)

テクスト分析とは

このようにただ一つの意味や作者の意図にとらわれることなく、テクストの表面にちりばめられたシニフィアンとシニフィアンの結びつきを丹念に追い、ほどいていくことが、テクストを分析するということである。そのためには、テクスト分析においてはテクストを開いていくこと、すなわちシニフィアンとシニフィエの結びつきを固定していて閉じた状態から解放することが必要である。したがって、分析するときは、「たえず、わかりきったことという印象、書かれていることの

《言うまでもない》といった調子に抵抗」しなくてはならない。「どれほど取るに足りないあたりまえのことに見えようとも」ある文の断片を前にしたら、「もしその特徴がちがったものであったら、どういうことが起こるだろうか」と「心のなかで入れ換えテストをおこなって」「反テクストを思いつく一種の想像力」をもたなくてはならない。さもないとテクストは閉じた作品にまいもどるからである。バルトはこの想像力を「物語的なスキャンダル」と呼んでいる[24]。

例えば美容院や理髪店は、髪を整える、おしゃれのための空間である。しかし再び伸びることを承知で、あるいは再び白くなることを承知で髪を切り黒く染めるということは、頭髪の時間をリセットすることでもある。一方、墓地は故人の時間がもう流れることなく永遠に止まった空間である。それらに対して図書館や美術館は過去から現在、そして未来にいたる、図書と美術作品が収蔵される空間、つまり時間が堆積する空間である。美容院・理髪店、墓地、図書館・美術館を、社会に果たす機能という観点から互いに無関係な場所とみなすのではなく、時間と向き合う空間の三様態として考えてみること[25]。それがスキャンダルな想像力ということである。

何のために、どのような役に立つためにこれらの場所・建物は製作者によってつくられ存在しているのかという意味の求め方は、この想像力によって解体されてしまうのである。

第二章●言語は何を伝えるか

コードとは何か

バルトはテクスト分析に際し「コード」という用語をひんぱんに使う。まずこの語を説明しておこう。

もともとコードとは言語学に由来する概念である。レヴィ＝ストロースの構造主義に大きな影響を与えた構造言語学者ロマーン・ヤーコブソン（一八九六―一九八二）は、言語の伝達行動には次のような構成要因が含まれると述べている。

発信者 addresser は受信者 addressee にメッセージ messsage を送る。メッセージが有効であるためには、第一に、そのメッセージによって関説〔référer：指向、指示〕されるコンテクスト（〔context：文脈〕〝関説物　referent〟といういささか曖昧な術語で呼ばれることもある）が必要である。これは受信者がとらえることのできるものでなければならず、ことばの形をとっているか、あるいは言語化され得るものである。次にメッセージはコード code を要求する。これは発信者と受信者（言い換えればメッセージの符号化者と複号化者）に全面的に、あるいは少なくとも部分的に、共通するものでなければならない。最後に、メッセージは接触contactを要求する。これは発信者と受信者との間の物理的回路・心理的連結で、両者をして伝達を開始し、持続することを可能にするものである。(1)

この説明を読むと、コードとは暗号解読表のように思われてしまいかねないが、(2)それでは単純すぎる。

メッセージ、例えば文を発信するとき、話し手は語を選択し、これを自分が用いる言語の統合関係《シンタグム》（シーニュの線型的・連鎖的な結合）に従ってほかの語と結合させ、文を組み立て、文はさらにほかの文と結合されて発話となる。この結合は非可逆的である（「発話－と－なる」と言えても「なる－と－発話」とは言えない）。しかし話し手は、語を選択するとき全く自由に行動しているのではない。彼の選択は、自分と聞き手（受信者）が共有している語彙《ごい》の貯蔵庫の中からふさわしいものを選択するというものにならざるをえない。それは新造の貯蔵庫ではなくすでにくり返し使われた語彙を貯えておいたもので、話し手はその中から選択するが、それは聞き手からすれば予想しうるものである。文の結合も同様である。

発話（メッセージ）は使用可能・選択可能・組み合わせ可能な構成要素（文、単語、音素など）から選択され結合されたものである。聞き手（受信者）は、話し手（発信者）があらかじめ貯蔵されている可能な要素の中から選択し、結合して発話を発信したことを知覚する。[3] つまりコードとは、メッセージを発信でき、かつ受信できるためのメッセージの既存の構成要素の貯蔵所であるが、でたらめに保管されているのではなく、それらの組み合わせ方、選択の仕方の規則がそこにはある。ヤーコブソンはこれを「既成の表象の整理保存システム」と言い換えている。[4] なお、ここでいう表象（representation）とは、単語や文の結合が、その言語の中で、何かある観念を、特定の時間と空間を超えて表し続けることという意味として、さしあたっては理解しておいていただきたい。

つまりコードとは、メッセージを発信でき、受信できるための整理保存システム・規則ということになる。

コードは決定できない

バルトの言うコードもこのようなものだ。ときに、意味とは引用であり、コードの出発点である[5]という難解な言い方をするので人を混乱させもするが、「コードとは、あるタイプのかつて見たもの、かつて読んだもの、かつておこなわれたことにほかならない[6]」。

コードとは、非常に使い古された規則の総体であるから、われわれはそれらの規則を自然な特徴と見なしているが、しかし、その規則からはずれると、物語はたちまち読解不可能なものに

なってしまう。(7)

例えば「謎」のコードというものがある。バルザックの中編小説「サラジーヌ」を分析した『S／Z』もそうだが、「エドガー・ポーの一短編のテクスト分析」でも、ポーの短編「ヴァルドマール氏の症例の真相」という題名そのものが分析の対象とされ、謎のコードとみなされる。題名の機能は、あとに続く内容の予告であるが、真相を予告するということは謎が存在することを明言しているからである。

謎の設定は、当然それがやがては解明されることを予告し、かつ解明が実現されるものであることを読者に期待させる。謎の設定――予告された解明――解明のプロセス――解かれた謎という規則あるいはパターンがこの「謎のコード」には伴う。さもなければ物語は収拾不能に陥り、読者は満足しないであろう。(8)

しかし一つの文、一つの発言、つまりは一つのエクリチュールにはただ一つのコードしかないとか、ただ一つのコードしか現前しないのではない。どれかが卓越しているわけではなく、いくつものコードが現前しているのである。

「ヴァルドマール氏の症例の真相」のテクスト分析をみてみよう。この小説では話者ポーが瀕死の友人ヴァルドマール氏に催眠術をかけ、催眠術によって死をどの程度くいとめることができるのか明らかにしようとする。その中の一文は、「まだ誰も、死の間際に（in articulo mortis）〔というラテン語で表記されている」催眠術をほどこした者はいなかったのだ」と書かれている。バルトは次のように分析する。すなわち、「死の間際に」を意味するラテン語とは、法律や医学の言葉であって科学的効果を生み出す。これは科学的コードである。しかしまた日常の言葉ではなかなか言えないことがらをラテン語というあまり知られていない言葉で言うという婉曲語法によって、死への移行や死の間際、あるいはそれを口にすることがタブーであることを指し示す。これはタブーという領域にかかわる象徴的コードである。[9]

このようにある一つの文が同時に二つのコードに関係していて、どちらが「本当の」コードなのかを決定できない。[10]

バルトにおいても、テクストのさまざまな意味を可能にするのがコードである。[11] しかし、行為のコード、謎のコード、メタ言語コードなど数多くのコードがときに同時に登場（現前）する。物語は「テクストとしての資格を得たときから」、つまりテクストと化したときからコードの決定不可能性を読者に強いることになるのである。[12]

しかし、それは弱点ではない。むしろもつれた複数のコードをほぐしていくことが、小説を閉じた作品にとどまることを認めず、多元的、立体的な意味の世界（空間）を開いていくことになるからである。

テクスト分析の一例

では、バルトのテクスト分析の実際はどのようなものか。『S／Z』ではなく、比較的短く、テクスト分析を紹介するという意図によって口頭で試みられた、新約聖書の「使徒行伝」十章から十一章の構造分析をとりあげてみよう。

キリスト教の神の教えを説く新約聖書であるから、それは神学的に読まれるものであり、作者によるただ一つの超越的意味あるいは真理によってすみずみまで貫かれているものとみなされやすい。「使徒行伝」の場合それは、宗教的なテクストの真実や秘密の解明を目指す秘儀解釈というコードによって与えられる意味、すなわち、「割礼を受けていない者たち」を「教会」に受け入れるという意味になる。しかしバルトの読みは、表層に現れていながら、秘儀解釈的コードによって重視されないままになっているものを露呈させる。

「使徒行伝」十章から十一章をまとめると次のようになるだろう（以下は日本聖書協会発行『聖書』一九八三年による）。

ユダヤ人でなく割礼を受けていないカイサリアのコルネリオはある日の昼下がり、神の天使が家に入ってくる幻を見る。天使はヨッパのペトロを招くようにとコルネリオに伝えたので、召し使い二人と部下の一人をヨッパへ送る。

その翌日当のペトロも幻を見る。天が開き、布のような入れ物が地上におりてきて中には清くないもの、汚れたものとされる「あらゆる獣、地を這うもの、空の鳥」が入っていた。それを食べるようにという主の声がした。ペトロは清くなく汚れているから食べられないと言うのだが、「神が清めた物を清くないと言ってはならない」と言われ、入れ物は急に天にひき上げられた。そこへコルネリオの使い三人がやってくる。彼らは事情を話し、翌日ペトロは彼らとコルネリオのもとを訪れる。

ペトロはユダヤ人である自分が外国人と交際したり、外国人を訪問するのは禁じられているが、神はどんな人も清くない者とか汚れている者とは言ってはならないと示したと告げ、なぜ自分を招いたのかと尋ねる。

コルネリオは四日前に何が起きたかを話すとペトロは「どんな国の人でも神を畏《おそ》れて正しいことを行う人は神に受け入れられる」と言う。さらにペトロがイエス・キリストの話をしていると、一同の上に聖霊が降り、聖霊の賜物が異邦人の上にも注がれた。ペトロは「わたしたちと同様に聖霊を受けた人たちが水で洗礼を受けるのを誰も妨げることはできない」とイエス・キリストの名によって洗礼を受けるようにと人々に命じた。

ペトロはエルサレムに行き、使徒と兄弟たちに起きた出来事を話す。

この言葉を聞いた人々は静まり、神を賛美した。

食事に関する侵犯行為（清くないものを食べる）も、秘儀解釈というコードによって解読され、割礼にもとづく排除のおきてへの侵犯行為（割礼を受けていない外国人に洗礼を授け教会に受け入れる）を導くものとなる。客人歓待もこのコードに結びつけられることになる。

もう一つのコードが別の意味を生み出す

しかしこのテクストに現前するのはこのコードだけではない。メタ言語的コードという重要なものが残っているのだ。メタ言語とは、ある言語活動について語るもう一つの言語活動を指す。「使徒行伝」の当該箇所は四つないし五つの要約によって構成される。要約とは実はメタ言語的活動であり、次のようにメタ言語による話のくり返しが行われる。(13)

コルネリオは、僕《しもべ》二人と、部下の中で信心深い兵卒一人とを呼び、いっさいの事を説明して聞かせ、ヨッパ〔ペテロがいる場所〕へ送り出した。

コルネリオは自分の幻視体験を、部下・召使に話す。三人はコルネリオの体験をペトロに要約する。「正しい人で、神を敬い、ユダヤの全国民に好感をもたれている百卒長コルネリオが、あなたを家に招いてお話を伺うようにとのお告げを、聖なる御使《みつかい》から受けましたので、参りました」。ペトロは自分の体験を召使らに要約する。「神は、どんな人間も清くないとか、汚れているとか言ってはならないと、わたしにお示しになりました」。

コルネリオは自分の幻視をペトロに再現して語る。

四日前、ちょうどこの時刻に、わたしが自宅で午後三時の祈をしていますと、突然、輝いた衣を着た人が、前に立って申しました。『コルネリオよ、あなたの祈は聞きいれられ、あなたの施しは神のみ前におぼえられている。そこでヨッパに人を送ってペテロと呼ばれるシモンを招きなさい。その人は皮なめしシモンの海沿いの家に泊まっている』。それで、早速あなたをお呼びしたのです。

ペトロは二つの幻視をエルサレムの教会に要約する。

わたしがヨッパの町で祈っていると、夢心地になって幻を見た。大きな布のような入れ物が、四すみをつるされて、天から降りてきて、わたしのところにとどいた。注意して見つめているると、地上の四つ足、野の獣、這うもの、空の鳥などが、はいっていた。それから声がして、『ペテロよ、立って、それらをほふって食べなさい』と、わたしに言うのが聞えた。わたしは言った、『主よ、それはできません。わたしは今までに、清くないものや汚れたものを口に入れたことが一度もございません』。すると、二度目に天から声がかかってきた、『神がきよめたものを清くないなどと言ってはならない』。こんなことが三度もあってから、全部のものがまた天に引き上げられてしまった。ちょうどその時、カイザリヤからつかわされてきた三人の人が、わたしたちの泊まっていた家に着いた。御霊《みたま》がわたしに、ためらわずに彼らと共に行けと言ったので、ここにいる六人の兄弟たちも、わたしと一緒に出かけて行き、一同がその人の家にはいった。すると彼はわたしたちに、御使が彼の家に現れて、『ヨッパに人をやって、ペテロと呼ばれるシモンを招きなさい。この人は、あなたとあなたの全家族とが救われる言葉を語って下さるであろう』と告げた次第を、話してくれた。

要約とは引用であるが、もともとの言葉をまとめ直したものだから、いわば不完全な引用である。しかも形式ではなく内容にかかわるものである。そのエッセンスを抽出するという作業は、内容の体系的まとまりをとらえるという意味で「構造化(14)」の作業と呼ぶことができる。テクストでは要約の要約が行われている。つまりある要約が先行する言語活動を構造化するのだが、(構造化される)その先行する言語活動もまた構造化の作業である。「使徒行伝」のこの章は、合わせ鏡のように要約が次々と反復される。「使徒行伝」のテクストでは、要約が増殖し、そのたびにメッセージを伝える相手が増えていく。要約の増殖とは新たな伝達の回路の発生である。反復は伝達であり、この物語の登場人物たちは伝達と伝播の担い手という意味での伝導する者なのである。

テクストで表面に現前しながらも見落とされがちな重要な主題は、伝達、伝導すべき内容なのではなく、伝達するということである。コルネリオがなぜペトロを迎えに人を遣わさなくてはならないのかを天使はコルネリオに言わない。要約して語られる先行の出来事に重要な真理めいたものが現れているのではないことを読者は知っている。コルネリオからペトロへの場合のように本当の内容を伝達することが重要なのではない。メッセージを伝えるようにという要請こそがメッセージ、つまり「メッセージの内容はメッセージそのもの」なのである。[15]

テクストにみられる要約のくり返しというこの「鏡のさかんな戯れ[16]」のような運動は、無限に続けることができる。「要約は、物語がいわば無限であることを示しています。物語には果てしなくつけたしてゆくことができます[17]」。神学的には秘儀解釈的コードが支配的にみえるこのテクストには、その一方でメタ言語的コードがあり、それによって限りなさという観念が具現しているのである。

終わりと始まりに理由はない

限りがないということは、最終地点などないということでもある（これはレヴィ＝ストロースが『食卓作法の起源』で述べた新聞小説的な神話とも関連する主題である[18]）。このとき問題になるのはどこで物語をやめるか、なぜある時点で物語が終わることになるのかということである。

無限は言語活動の構造的属性である。例えば文は果てしなくつけたしていくことができる。したがって終わりとは、とりあえずのものでしかない。

同様に語り始めることにも無限性の感覚が伴う。あそこではなくここから始めなければならない必然的理由はない。

バルザックには、「サラジーヌ」という、去勢された歌手に激しい恋情を抱いて歌手のパトロンの刺客に殺された男の物語を、「私は深い夢想に浸っていた」と書き始めねばならない理由も、パリのランティ家のパーティからテクストを始めなくてはならない理由もない。そこで語り出すにしても、すでにイタリアではオペラ歌手に女性はおらず、その役目を果たすのは去勢された男性であり、彼らは巨万の富を得ることができたという文化的、歴史的コードをテクストは前提としている。そのような先行するコードがあっても、それらすべてを書き記すわけにはいかず、どこかから始めなくてはならない。だとしたら、始まりはとりあえずのものでしかない。常にすでにほかの物語があり、始まりをたどっても果てしがないのだ。その意味でもテクストは開かれているのだが、狂気の淵に接するような無限性の感覚とそれに伴う「とりあえずの」という宙吊りの感覚を生きることが、バルトの実践しようとするテクスト分析(構造分析)である。それは、超越的な存在によるただ一つの意味の支配をなしくずしにするという抵抗あるいは戦いにほかならない。構造主義とは、作品という閉じた世界が強いる始まりと終わりに抗する思想と言えよう。それは「人間と記号の戦い」[19]であり、(テクストというエクリチュールを相手にするゆえにそうみられがちだが)現実からかけ離れた悠長なブルジョワ的趣味などではないのである。

しかしとりあえずにせよテクストに始まりと終わりがあることは避けられない。だとしたら考えるべき問題は、終わりについてはなぜこの時点で物語は終わるのか、終わりは本当に終わりなのか、そこに無限の始まりのほのめかしはないのかということである。[20] 一方始まりは何もない沈黙が支配している場からの脱出であり、そのためには言うべきことが見いだされていなくてはならない。作法や儀式・規則（つまりコード）が言うべきことの発見を可能にし、ある時点での語り始めを可能にするとしたら、始まりについてはこの作法・儀式性を考えなくてはならない。[21]

バルトがバルザックやポーのテクスト分析をタイトルから始めるのも、この作法への配慮ゆえと思われる。[22]

第三章●「構造」とは何か

バルトの「ご飯論」——レヴィ＝ストロースへ

ロラン・バルトはフランス政府派遣文化使節として一九六六年五月初来日した。一カ月の滞在ですっかり日本に「恋」をしたバルトは、一九六七年三月と十二月にも訪日して、それぞれ一カ月ほど滞在する。このときの日本での経験をもとに執筆されたのが『記号の国』[1]（『表徴の帝国』という題で翻訳もされている）である。二十六の断章からなるこの本は、日本文化論として書かれたものではない。それはバルト自身も述べていることだ[2]。日本滞在とそれをもとに書かれた書物は彼を西洋的意味の呪縛から解き放ち、新たな執筆活動（エクリチュール）の転機となった。それだけにこの本は快楽に満ちているとはつとに指摘されていることである[3]。

初来日の前、バルトは彼が執筆した『ラシーヌ論』（一九六三年、第十章参照）をめぐる論争に巻き込まれる。十七世紀の劇作家の研究は、ソルボンヌ大学のレーモン・ピカールが大家として知られていたが、そのピカールが『ラシーヌ論』に対して厳しい批判をしかけてきたのである。バルトの批評は、ラシーヌの演劇世界を作者個人の生涯などとは切り離し、その作品の世界の中で登場人物をとらえ、精神分析的用語も駆使して論ずるというスタイルだった。しかしピカールに典型的な大学の文学研究は、作品の意味を作者の自我や生涯、作者が生きた時代背景に求めるというもので、それが「真の意味」「ただひとつの意味」だとみなされていた。この「ただひとつの意味」との論争にバルトはかかわり、倦《う》んでいたらしい。日本での滞在は西洋的な「ただひとつの意味」の重みからバルトを解き放ち、新たな可能性を開いてくれた。日本で見聞したものが「真の意味」の不在をほのめかしていたからである[4]。

とはいえ『記号の国』を読むと、日本という実在する国に「日本人」として住んでいる私たちでは気づかなかったり思いつきもしないような、日本文化についての洞察力ある見解に遭遇する。料理や食事作法についての思索もその一つである。

例えば「ご飯」。ご飯は「その物質が矛盾した性質をもつことによってしか定義されえない。ご飯は、たがいにくっついているのに、簡単に取り分けることができる。その究極的な本質は、断片であり、かろやかな集合体である。〔中略〕つぶつぶとして密集した白（パンの白さとは違う）を膳の絵画のなかに配しているのだが、しかしその白はくずれやすい。ぴっしりと密着した状態で食卓に運ばれてくるものが、箸のひとつきで取りくずされてしまうけれど、けっしてばらばらになることはない。一部分を取り分けても、断固たる結びつきをまた生み出すだけであるかのようだ。この節度ある（不完全な）分離こそが食べもの以上に（あるいは食べもの以前に）味わうべきものとしてあたえられている[5]」。

「ご飯」に「節度ある分離」を味わう日本人がいるだろうか。あらゆる料理への蘊蓄《うんちく》の披露が人気の漫画『美味しんぼ』にさえこのような表現はみられない。卓見である。

のちに『テクストの快楽』(6)という書物を著《あらわ》し、テクストやエクリチュールの批評に官能的とも言える悦《よろこ》びを追求しようとした「快楽の人」であるバルトならではの考察なのだが、炊かれた(つまり水の入った容器〔かまど〕の中に入れられて、さらに火にかけられる)米の両義性と節度、ここにレヴィ＝ストロースの著作との潜在的なつながりを見いだしたくなるのは、突飛な発想だろうか。バルトは、フランス料理では食事の出される順序が決まっており、付け合わせやソースなどによって食事の中心がつくられているのに対して、日本の料理では食べる順序によって食べものの優劣や序列が決まっているようにはみえず、中心がないと述べている(7)が、料理が出される順序の有無についてはレヴィ＝ストロースもすでに論じていた。

感覚的なものにも論理がある

構造主義の旗手として『構造人類学』『今日のトーテミスム』『野生の思考』などの著作を通じてバルトにも大きな影響を与えてきたレヴィ＝ストロースは、一九六四年から彼の主著となる『神話論理』を刊行する。一九七一年の『裸の人』でひとまず完結するこの全四巻(日本語訳では五分冊)の第一巻は『生《なま》のものと火を通したもの』と題されていて、以下のような書き出しで始まる。

生のものと火を通したもの、新鮮なものと腐ったもの、湿ったものと焼いたものなどは、民族誌家がある特定の文化の中に身を置いて観察しさえすれば、明確に定義できる経験的区別である。これらの区別が概念の道具となり、さまざまな抽象的観念の抽出に使われ、さらにはその観念をつなぎ合わせて命題にすることができる。それがどのようにしておこなわれるかを示すのが本書の目的である。(8)

熱い／冷たい、堅い／柔らかい、騒音／甘美な音などの五感にかかわることがらにも論理があること、料理の火、肉、栽培植物など生活を営む人々の中にある具体的なものについての哲学が神話の中で人知れず展開されていることを、レヴィ＝ストロースは新大陸先住民神話の構造分析で明らかにしようとした。例えば北アメリカ北西部先住民セイリッシュ族では、調理されたものの間には、煮たもの＞炉であぶり焼いたもの＞じかにあぶり焼いたものという優劣関係がある。直接火にかけるという調理法より、炉という人間が製作した道具を使う調理法の価値が高く、さらにそれより煮沸という、食材と火との間に（土器と水という）二重の媒介物が存在する調理法が優位に立つのである。一方、南アメリカ（ブラジル）の先住民ジェー族では、水を沸騰させるための土器を製作しないため煮たものはなく、じかにあぶり焼いたものより炉であぶり焼いたものが優位に立つという関係のみがみられる。対照的に、ジェーに近接する先住民ボロロ族には炉がないが土器を製作するため、煮たものがじかにあぶり焼きしたものより優位にある。このように新世界先住民の間には、火、水、道具の利用による調理について一つの価値体系があり、とりわけボロロとジェーでは「煮たもの」と「炉であぶり焼いたもの」の有無が民族のアイデンティティの違いにもつながっている[9]。バルトの試みもそれに類したものと言えよう。食事の順序と食べ物の中心が定まっているフランス料理と、順序が定まっておらず中心のない日本料理が二項対立的に考察されているからである。

　バルトの『記号の国』が出版されたのは一九七〇年である。執筆までに時間がかかっていたにしても、それ以前に『神話論理』は第三巻の『食卓作法の起源』（一九六八年）まで出版されていたから、バルトは料理や五感をめぐるレヴィ＝ストロースの分析を十分意識していたのではないだろうか。『記号の国』の「中心のない食べもの」という断章には、肉と野菜を煮る料理であるすきやきとその具材であるなまものが論じられている。「オランダ絵画のように」構成された生の材料は、初めは調和を示し色あざやかな光沢を保っているが、それらは少しずつ大鍋の中に入れられると、「目のまえで煮えてゆき、その色やかたちや断片性をうしなって、やわらかくなり、変質して」ゆくのだ[10]。

　しかし両者の間には違いもある。感覚（五感）のもたらす幸福感がバルトの著作にはあふれているが、レヴィ＝ストロースの場合には理論的（クールな）分析がある。そして、神話同士の間に想像もしなかった論理的なつながりが発見される驚きがある。彼は感覚と論理の統合を目指し、感覚的なものにも法則があることを神話の構造分析という実験によって証明しようとする。そのため、とりあげる神話も一千以上におよび、対象地域も本来の南北アメリカ大陸（新世界あるいは新大陸）だけでなく、ときにオセアニアや日本、ヨーロッパにまで広がるという壮大なスケールで分析が展開されるのである。

「構造」を定義する

ではなぜレヴィ＝ストロースは神話を構造分析の対象としてとりあげたのか。また「構造分析」の「構造」（「構造主義」という語の由来である）とはそもそもどのような概念なのだろうか。

ここで構造という概念を定義しておこう。構造主義、とくにレヴィ＝ストロースの構造概念の特徴を明らかにするために、まず構造主義者ではない立場からの構造の定義をとりあげてみよう。イギリスの社会人類学者N・J・アレンは抽象的・論理的観点から構造を考察し、以下の四点にその特徴をまとめている。(11)

a　構造とは、最低でも二つという複数の要素からなりたつ一つの全体である。想定される最も単純な構造とは、それゆえ、三元的であり、全体はその要素より高いレベルにある。

b　構造とは、単に（高次のレベルでの）統一性と（低次のレベルでの）複数性として思い描かれる集合ではない。それは体系的であり、全体も要素もこの関係から切り離して（独立して）的確に記述することができないほどに、構成要素が互いにはっきりとした関係にあるという意味で一貫している全体なのである。

c　構造を記述するとき、人類学者は経験的世界それ自体を記述しているのではない。人類学者は注意を向けている対象から関係を結んでいるものを抽出するのである。

d　原則として、すべての現象に構造はあるが、変容する内容をもつ要素間の恒常的関係という文脈を離れると、この術語はほとんど役に立たない。かくしてある現象の内容が時間の経過とともに変化するとか（例えば成員権が変わる構造化した人間集団）、分析者が単一の文化内である領域から別の領域へ移行するとか（例えば人間の間の関係構造は神々のそれと同形態である）、あるいは分析者が文化を移動するが領域は変わらないままである（例えば、異なる民族間に特定の親族構造を見分ける）、そういった場面でこの術語は有効になる。

この定義のうちcとdはどちらかというと社会人類学者による構造という語の有効な使い方の説明という趣である。したがって「実際には体系や組織と同義のものとして曖昧に『構造』という語が使われてきた」という記述が続くことになる。それゆえ構造そのものの定義はaとbということになるだろう。

一方、レヴィ＝ストロースは一九九七年に初来日して講演したとき、構造を次のように定義した。

「構造」とは、要素と要素間の関係とからなる全体であって、この関係は、一連の変形過程を

通じて不変の特性を保持する。(12)

レヴィ゠ストロースは、この定義には注目すべき三つの点があるという。第一は、「要素」と、「要素同士の間の関係」とを同一平面に置いている点。第二は、「不変」の概念で、ほかの一切が変化するときに、なお変化せずにあるのが「構造」である点。そして第三は、「変形」の概念の内容が示唆されている点である。

関係をどう考えるか

アレンとレヴィ゠ストロースを比較してみよう。両者ともに、要素、関係、全体を構造の本質的な特徴と考えている。

しかし共通点より相違点の方が目立つ。レヴィ゠ストロースの場合、「変形」概念は構造の本質でさえあるように思われているのに、アレンはdで「変形」に触れるにとどまっている。またアレンの考えでは、関係は、要素および全体とは異なるレベルにあるが、レヴィ゠ストロースは、関係と要素を同一水準に置いており、「関係」についての理解が異なっているのである。

両者のこの二つの違いは互いに関連している。

アレンの場合、構造をなす要素同士は何らかの、しかし明確な関係性を有する。例えばインド゠ヨーロッパ神話で語られる神々の世界は、呪術・主権的機能を担う神々、戦士的機能を担う神々、豊穣性・生産性を担う機能をもつ神々の三要素からなり、この順に上位―下位の階層的関係で結ばれている。このような神々の世界の体系がアレンの定義にかなう構造であろう。

まず要素（特定の機能を担う神々）があり、それらの間の関係性の特質が見きわめられたとき、全体の特徴も明らかになるというわけだ。

インド＝ヨーロッパ語族のもつ世界観やイデオロギーについては、フランスの神話学者ジョルジュ・デュメジル（一八九八―一九八六）が、今述べたような特質を三機能体系として抽出しており(13)、アレン自身も大きな影響を受けているのだが、アレンはデュメジルの三機能説を修正して五機能を提唱している(14)。インド＝ヨーロッパ神話の神々（王）の特性を再検討する作業は、当然のことながら、神々という要素を前提とする。そして要素と関係、要素と全体は全く別のものである。

またデュメジルの分析がそうであるようにアレンの分析も、そこかしこに三機能（五機能）をしらみつぶし（もぐらたたき）のごとく発見するというスタイルをとる。地域的、時代的差異は指摘されるが、見いだされるのは、どこにおいても、三機能（五機能）が関係づけられる一つの全体である。ある三機能体系がどのように変形されていくかは、当然ながらあまり論じられない。

これに対しレヴィ＝ストロースが要素と要素間関係とは同一平面に置かれると言うとき、まず初めに実在の要素という前提が想定されているわけではない。関係と切り離された要素が想定されているのではなく、関係の中で要素の意味が考えられるのである。

しかし、個々の要素と、要素間の関係が同じレベルにあるというのは想像しづらい。常識的にはアレンに分がありそうにみえる。

料理の三角形

レヴィ＝ストロースの「料理の三角形」をとりあげて考えてみよう(15)。

すべての言語にとって基礎的な対立は子音と母音の対立である。レヴィ＝ストロースが示唆を得たヤーコブソンの音韻論は、音素（言語における音の最小単位）間の複雑な対立関係は、子音と母音の対比に、音の密と疎、鋭と鈍という対比を組み合わせて説明できるというモデルを考えた（図3－1）。それが、母音の三角形と子音の三角形であるが、このモデルにヒントを得て、料理の三角形をレヴィ＝ストロースは着想する。言葉とともに、料理は普遍的な人間活動の一形式をなしており、言葉なしの社会が存在しないように、どんな社会でも、何らかの方法で食料の一部を料理しないような社会はないのだから、母音・子音の三角形と同じように料理の三角形もあるのではないかというわけだ(16)。

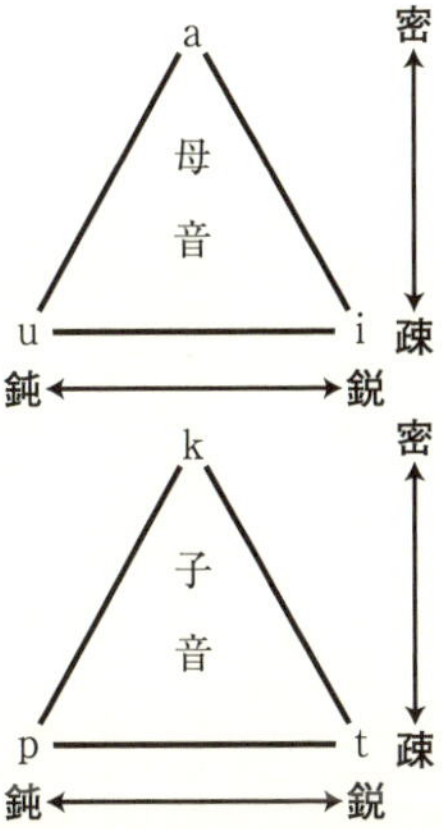

図3-1　母音と子音の三角形

生のもの、火にかけたもの、腐ったものが料理の三角形を構成する（図3－2）。この三つが要素、三角形が全体性ということになる。しかし、音素が、物理的現象としての音声そのままではなく、言語学的な抽象的概念であるのと同様に、三角形をなす

《生のもの》《火にかけたもの》《腐ったもの》もいわば抽象的なものである。それらは特定の社会の料理の中の《生のもの》そのままではなく、現実の《生のもの》を、あるいは《生のもの》とはどういう意味かを各人が見きわめる尺度のようなものと考えなくてはならない。《生のもの》《火にかけたもの》《腐ったもの》は個々の料理の事例を数多く比較して帰納的に導き出されたものというより、一般的理論として最初に設定された演繹《えんえき》的モデルなのである。

まず《生のもの》は《火にかけたもの》《腐ったもの》と対立する。

「火にかけたもの」「腐ったもの」は「生のもの」が変形したものである。

しかし、「火にかけたもの」は人間が火という手段を使って手を加えたという意味で「文化的」変形であるのに対して、「腐ったもの」は「生のもの」を放置し発酵させた結果として生じたものであり、道具、手段を使った「文化的」介入というよりは「自然変形」である。これは図3－2のように表すことができ、二つの対立軸で三要素は関係づけられることがわかる。

しかし、この要素間の関係は、要素外にあるわけでも、要素より上位レベルにあるわけでもない。それらは一要素を説明するものにもなっている。

火にかけたものとひと口に言っても、食物と火の間に媒介物を置くか置かないか、火と食物の距離は遠いか近いかなどによってさまざまな料理に分かれる。

直接火にかけた食物は「焼いた」ものであり、食物と火との間に容器と水という二重の媒介物を介在させたものは、「煮たもの」になる。火と食物の間に容器も水も介在しないが、火と食物を遠

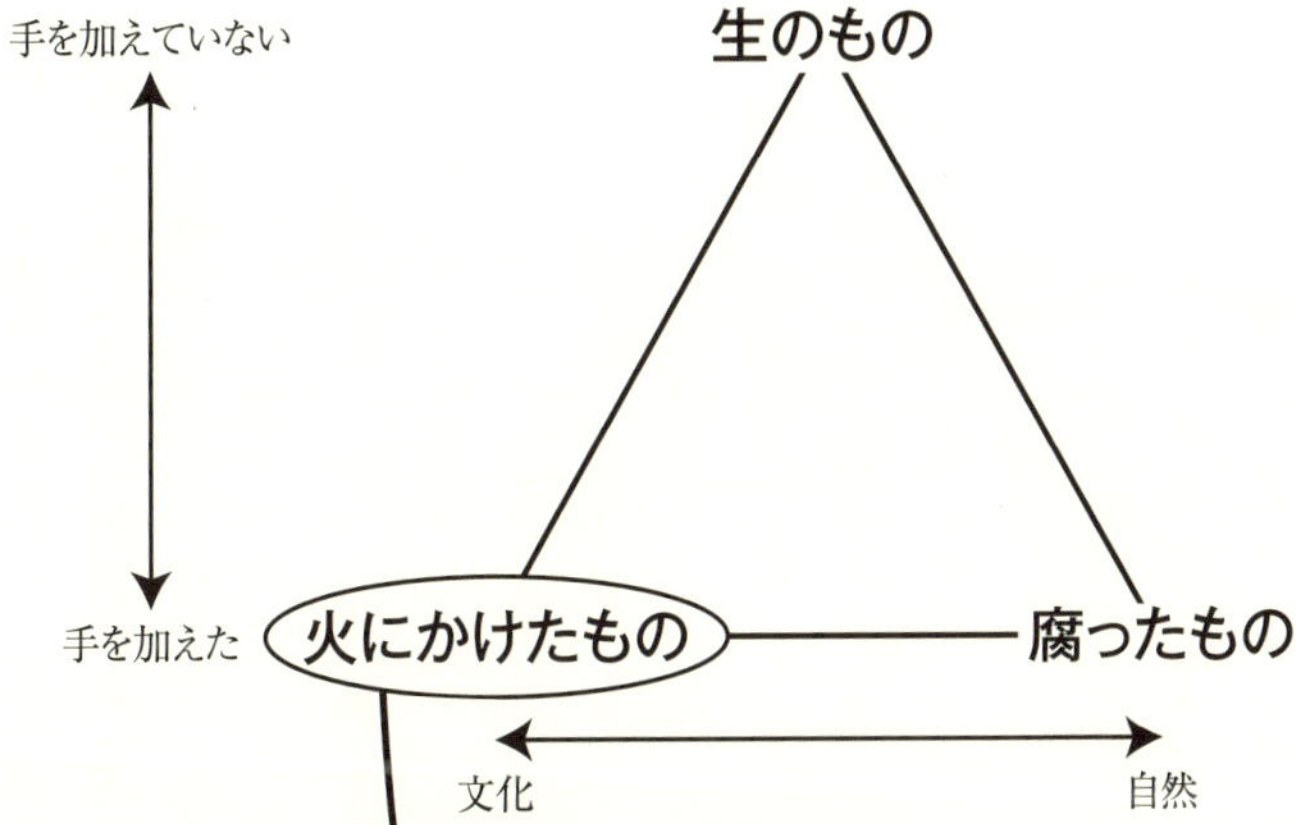

図3-2　料理の三角形

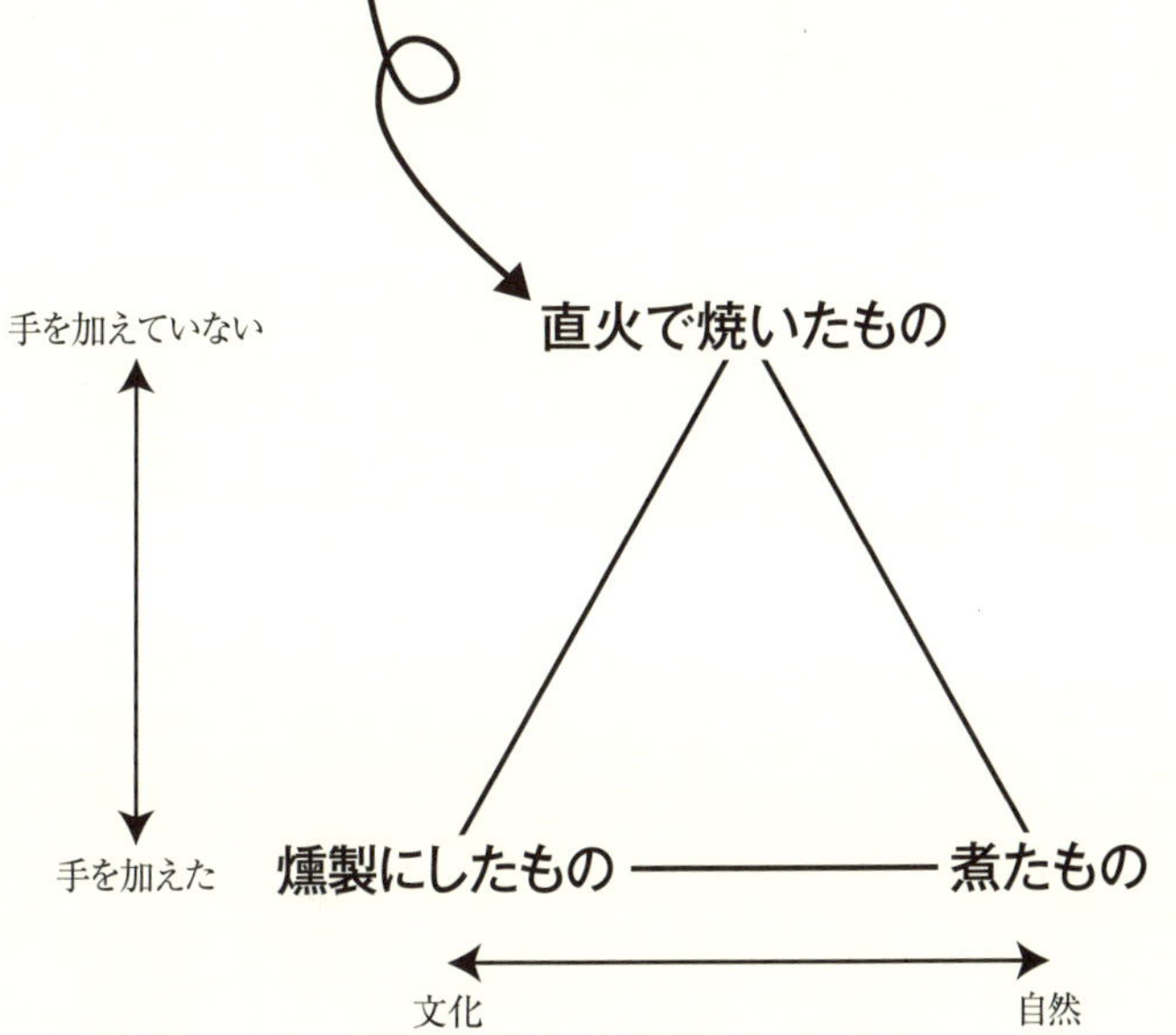

図3-3　火にかけたものの三角形

く離せば「燻製《くんせい》にしたもの」ができる。

「火にかけたもの」の内部にある三角形の中にも、「火にかけたもの」がほかの二要素との間で結ばれた関係性と同等のものが見いだせる。直火で焼いたものは、鍋や水、燻製台という文化的道具が介在しないという点でさほど《手が加えられておらず》、決して均一に火にかけられることがなく、一方が黒こげ、もう一方の側が生のままであることが北アメリカ先住民の神話で強調されているとレヴィ＝ストロースは述べている。だとすれば、それは《生のもの》のポジションに重ね合わせることができる（「焼いたもの」は「火にかけたもの」であるが「生のもの」でもある）。

「煮たもの」は、手を加えたものであり、二重の媒介物を用いているにもかかわらず、北アメリカ先住民では、「腐ったもの」との類縁性が強調されている。長い間《水に浸されている》ことから、《料理して腐らせる肉》が「煮たもの」なのだ。ラコタ語では同じ語幹が「腐敗」を意味すると同時に肉を《添え物とともに煮る》をも意味する。

これらに対して燻製台という大がかりな道具をつくり、水を媒介せずゆっくりとした熱処理を肉の深部にまで施す「燻製にしたもの」は、文化的に手を加えた火をかけたものの側に位置づけられることになる。これは図3－3のように表すことができる。

つまり、「生のもの」「火にかけたもの」「腐ったもの」という要素を関係づける対立軸は、その一要素の内部を規定するものにもなる。要素は自らとほかの要素とを結びつける関係性を含んでいる。あるいは、要素は自らがその一部となる全体（料理の三角形）を自らのうちに巻き込んでいるのだ。

このように考えると、アレンの言うように、要素と関係性、要素と全体は異なるレベルに位置し、盤石な体系性を構築するものととらえることはできなくなってくるのだ。

構造とは「変形」である

そして「料理の三角形」の例からわかるように、レヴィ＝ストロースの構造は不動固定的なものではない。それとかかわるのが「変形」である。

レヴィ＝ストロースは、「変形」によって「構造」と「体系」の違いが理解できるようになるという。体系もやはり、要素と要素間の関係からなる全体であるけれど、体系には変形が可能ではなく、体系に手が加わると、ばらばらになり、崩壊する。これに対し、構造の特性は、その均衡状態になんらかの変化が加わった場合に、変形されて別の体系になるのである。

例えば南アメリカ先住民の巨大な共同家屋マロカは民族集団によってその平面の形態が異なる（図3－4）。仮に、バラサナ族、ユクナ族、ウィトト族が、トゥカノ族とも異なり、お互いにも異なる形態の住居に住むことで民族の独自性を表現しようとしたと考えてみよう。トゥカノ族の長方形のレイアウトをもつマロカの形態は他民族では廃止されるのではなく、半円＋長方形、円、四隅の丸くなった長方形という別の家屋（体系）に変化するのである。[17]

また先ほどの説明からわかるように、レヴィ＝ストロースの構造の観念は、体系に加わる力、変化を含意していることになる。

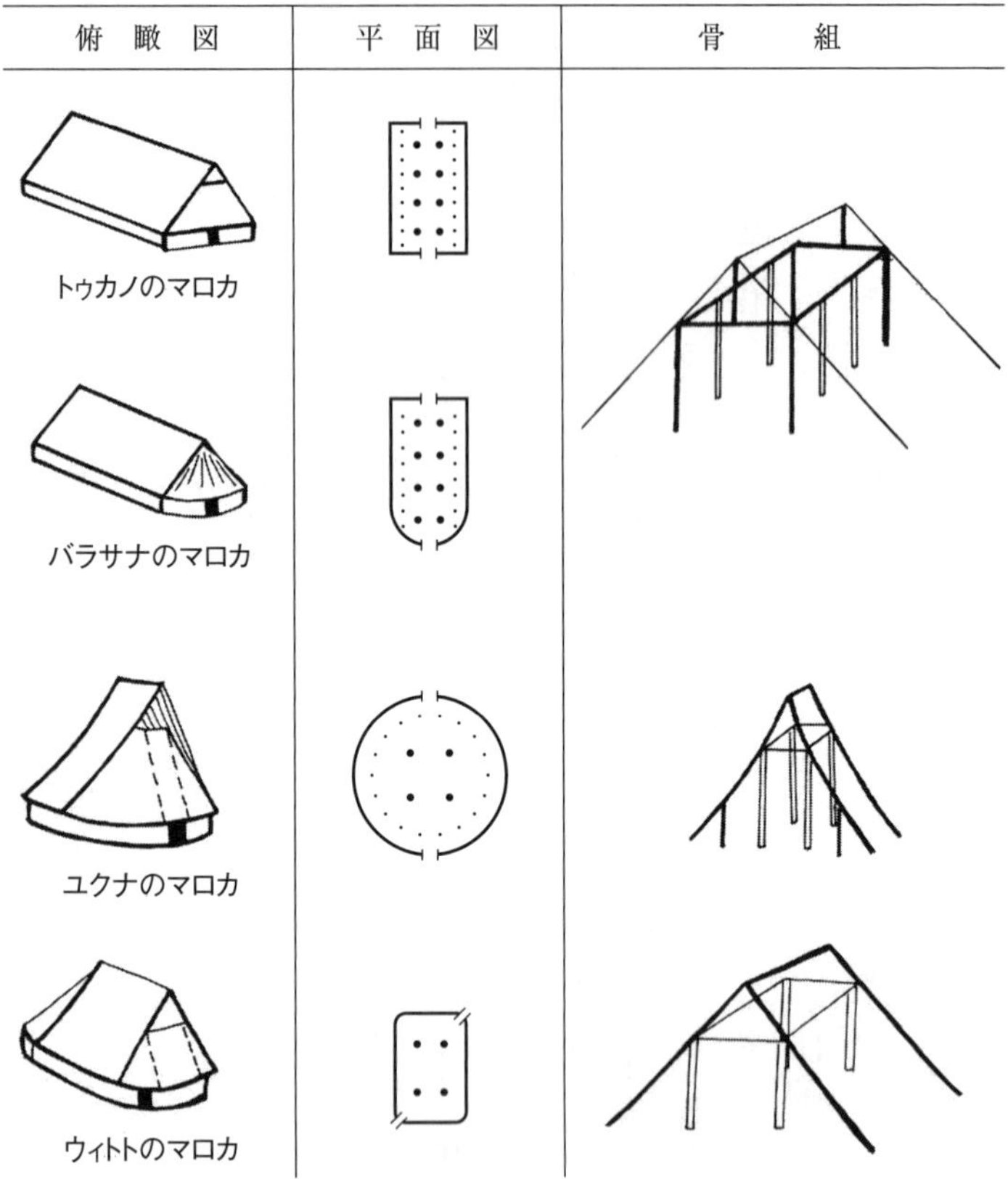

Carmichael, Hugh-Jones, Moser, Tayler, *The Hidden Peoples of the Amazon*, 1985, British Museum Publications Limited より

図3-4　各民族のマロカ

さらに、変形（変換）の例として彼の神話分析をとりあげてみよう。カナダのブリティッシュ・コロンビアの沿岸部に住んでいた先住民ベラベラ族には次のような神話がある。[18]

子どもが大女の食人鬼にさらわれるが幾多の冒険のあと、守護霊の教えに従い、逃げ出すのに成功する。子どもの父親は食人鬼の財（銅板、毛皮、なめし皮、干し肉など）をすべて手に入れ周囲に配り、それがポトラッチ[19]の始まりとなる。この物語で興味深いのは、子どもが鬼を退治するやり方である。食人鬼には干潮のときハマグリをとりに行く習慣があった。そのとき鬼が食べずに捨ててしまうハマグリの水管を拾い指の先につけて鬼の前で振り回すと、鬼は驚いて崖から落ちて死ぬ。レヴィ＝ストロースは、なぜ大女の食人鬼が、ハマグリの水管というとるに足りないものを恐れるのかと問いかける。

答えは、ベラベラ族から遠くない内陸に居住しているチルコティン族の神話の中に見いだすことができる。チルコティンの神話では泣いてばかりいる男の子が強力な邪術者であるミミズクにさらわれる。しかし、ミミズクは子どもの面倒をよくみた。数年後、男の子の親が隠れ家をみつけ、一緒に帰るよう説得し、彼らは逃げ出す。ミミズクがそのあとを追いかけてくると、少年は野山羊《やぎ》の角を手にさして爪のようにふりかざし、ミミズクをおどして追い払った。ミミズクは財をたくさんもっていたので、少年はその中からノコギリ貝のすべてをとりあげ、それらは今ではチルコティン族の重要な財産となった。

変形の論理

ベラベラとチルコティン神話を比べると、両者が同じ枠組をもっていることに気づく。どちらも子どもが人工の爪を使って誘拐者を追い払い、財を獲得する物語なのである。それぞれの民族が神話で獲得する貴重財は実際に相互に交易される品である。しかし沿岸部から山を越え内陸部に移動すると、次のような変換が生じる。

沿岸部（ベラベラ族）　→　**内陸部（チルコティン族）**
海で陸の財（毛皮など）を得る　→　陸で海の財（ノコギリ貝）を得る
軟らかいもの（ハマグリの水管）　→　硬いもの（野山羊の角）
（水管はハマグリが）食物を口に運ぶのに役立つ　→　（野山羊の角でつくるさじは人が）食物を口に運ぶのに役立つ（文化）

使われる道具はベラベラではハマグリの水管、チルコティンでは野山羊の角である。一方では海の世界の軟質で無害のとるに足りないものを使って、鬼がもっていた陸の世界の財（毛皮、干し肉、銅板など）を獲るのに対して、他方では陸の世界の硬質で危険なものが、ミミズクがもっていた海の世界由来の財（ノコギリ貝）を手に入れる道具として使われているのである。

また以下のような対立も指摘できる。

海の無価値のもの（ハマグリ）が手段　↓　海の貴重なもの（ノコギリ貝）が目標
貴重な陸の財（毛皮など）が目標　↓　無価値な陸の財（野山羊の角）が手段

一方の神話の手段（ベラベラのハマグリ）と他方の神話の目標（チルコティンのノコギリ貝）はともに海のものだが、無価値／貴重という対立関係にある。同様に他方の神話の手段（チルコティンの野山羊の角）と一方の神話の目標（ベラベラの陸地の財）は、ともに陸のものだが、それ自体としてはとるに足りない／貴重財という対立関係もみられる。

こうしたいささかねじれた対立関係をつくり出すためにも、ベラベラ神話の手段はとるに足りないものでなくてはならなかったのである。

この逆転は、神話を語る民族の生態や技術・経済的要因である以上に神話固有の変換の規則によるものだとレヴィ＝ストロースは言う。

神話を生み出す「精神」（人間自身が意識していない大脳の働き）は、自然環境やそれに結びつく技術、経済上の諸条件に直面すると、自然環境を単純に映し出すという意味で受動的なものであることをやめ（ハマグリの水管などとるに足りないものだから、神話に登場させるに値しないと却下するのではなく）、それらに能動的に反応し神話の諸要素を論理的に分節してパターン化した関係をつくり出していくのである。神話が、ある部族から別の部族へ伝わると一つの神話をほかの神話に変形する規則が作動すると言えるが、それは神話の中の固有の論理から現れてくるのである。[20]この固有の論理は神話の語り手が考えたというより、あたかも「神話が考えている」かのようである。

近親相姦と謎の共通性

神話の変形についてもう一つレヴィ＝ストロース自身が何度かとりあげている例を紹介しよう。オイディプスとペルスヴァルである。(21)

旧世界にも新世界（新大陸）にもあるとレヴィ＝ストロースが言う「オイディプス型」神話とは、謎の話と近親相姦の話が一緒に並べられている神話である。

例えばギリシア神話のオイディプスは、スフィンクスの投げかけた謎に答えることができ、テーバイの王になるが、先王の妃《きさき》で新たに彼の妃となった女性イオカステは彼の生き別れた実の母であった。

一方北アメリカのプエブロインディアンでは、儀式のとき観衆に謎を出す道化師の家族がいる。この家族は近親相姦から生じたと言われている。

地理的にも歴史的にも遠く離れたアメリカと古代ギリシアのどちらにおいても、謎と近親相姦が対になっていることから、謎と近親相姦の間には共通性があり、それゆえに神話で両者が並置されているとレヴィ＝ストロースは考える。

では共通性とは何か。近親相姦とは、結びついてはならない者同士の結合である。一方、謎は答えと結びつきにくい問いであり、謎を解くことは、結びつかないはずの問いと答えを結びつけることである。それゆえに謎（厳密には謎解き）と近親相姦の間には共通性があることになる。

さらに、この神話では近親相姦を犯す主人公が自分自身にとって謎なのである。オイディプスは自分の本当の親が誰かを知らずそのために過ちを犯すのである。

ではこの神話はどのように変形していくのだろうか。謎とは答えが出てこないことを示唆する問いであるなら、その逆転は問いがないような答えということになる。その例は西洋中世の聖杯探索物語（キリストが最後の晩餐に使った酒杯で、アリマテのヨセフが十字架上のキリストの最後の血を受けるのに使った杯を探し求める伝説）の一つ『ペルスヴァル』（クレチャン・ド・トロワ作）に見いだすことができる。ある城で聖杯を前にした主人公が「それをどこへもって行くのか」と尋ねさえすれば、呪いのかけられた城主やその周囲の人々を救うことができたのだが、過度の慎み深さから質問を発しなかったために、災いが続く。

そしてオイディプスが近親相姦を犯すのとは逆に、主人公は一切を慎む純潔な男である。また近親相姦の罰がテーバイの町を襲う臭気とペスト（自然の力の奔放な発現）であるのに対し、性的不能に相当する過度の慎みの罰は動植物の繁殖を枯渇《こかつ》させる不毛である。

オイディプス → **ペルスヴァル**
答えが出ない問い（謎） → 問いがない答え（慎み）
性的奔放（近親相姦） → 性的不能（純潔）

自然の奔放な力（臭気・ペスト）↓自然の力の抑制（動植物繁殖の枯渇）

この例から一つの神話は逆転した形へ変化しうることがわかる。言い換えれば一つの神話と別の神話の間には変形という操作によって規則的な関係性のある連絡の回路を見いだすことができる。ある神話が語られると、実際には人の知らないところで（神話を話す人、聞く人にとくに注意されることなく）変形という規則が作動して別の神話がつくり出されていくのである。このことをレヴィ＝ストロースは南北アメリカの神話群を分析した『神話論理』で示したのである。

何が「不変」なのか

次に不変の概念についてみておこう。

小田亮《まこと》も述べているように「他の一切が変化するときになお変化せずにあるもの」を、「ものが外からの力を被っても変わらないこと」と受けとってはならない(22)。先ほどとりあげた南アメリカ先住民の共同家屋マロカを再び例にして構造の不変を説明してみよう。

レイアウト（平面図）の形態にはヴァリエーションがある。しかし、長方形、円形などと変化しているものの共同家屋（そこには中心：周辺：：公：私：：男の領域：女の領域という空間の分割がみられる）という建物があることに変わりはないというように不変を理解してはならない。また家屋の要素の配列の関係は変わらないとも考えてはならない。

そうではなく、異なる民族のマロカ同士が一定の変換の規則で関係づけられているということ（長方形→長方形＋半円→円→四隅の丸い長方形→長方形）が変わらないのである。

バラサナ族ではマロカは宇宙全体を象徴する。屋根は空、柱は山々、壁は世界の果て、梁《はり》は太陽の日中の通り道で、地下を流れる想像上の川は太陽が夜間に移動するルートであり、そこを太陽の移動とは逆方向で死者がカヌーに乗って移動すると考えられている。さらにマロカは人間の身体も象徴する。

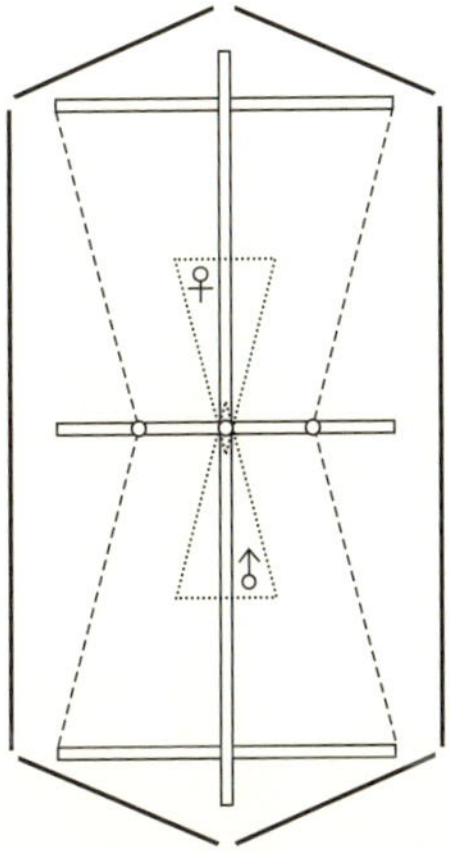

Reichel-Dolmatoff, *Rainforest Shamans*, 1997, Themis Press より

図3-5　オリオン座を象徴するデサナのマロカ

こうした象徴的次元も含めるならば、マロカは他地域の建造物（インドネシアやシベリアの住居）との関係づけも可能になる。

南アメリカ先住民のデサナ族のマロカのレイアウトは、オリオン座と同一視される（オリオン座を象徴する）。家の中央部はオリオンの三つ星に相当する（図3-5）。さらにその中央部で性別に分かれて男女が踊りを行うが、それぞれのグループは三角形をなし、その頂点が互いに交叉する形状を表象している。こうしてマロカの内側に二重の砂時計がイメージされる。[23] この砂時計型表象を垂直に起こすと、バラサナ族の宇宙全体としてのマロカという観念とともに、シベリアなどの砂時計型住居との比較、あるいはデサナ族の砂時計型壺立てへと誘われる。[24]

ある限定された体系（例えば南アメリカ先住民のマロカ）が別の体系と関係づけられ、その間に一定の形式性が見いだせたとしたら、それが「変化せずにあるもの」なのである。「神話の構造」や『蜜から灰へ』『やきもち焼きの土器つくり』などでレヴィ＝ストロースは北アメリカの神話群、南アメリカの神話群の間に $Fx(a) : Fy(b) \approx Fx(b) : Fa_{-1}(y)$ と示すことができるような関係があると述べた。[25] この公式を手短に説明することは不可能に近いが、[26] 重要なのは、神話の「構造」とは、神話を語る社会や神話の内容が変化しても、複数の神話間にこの公式で示される一定の関係性が変わらずにあるということなのである（さらにそれは「砂時計型」と呼ばれる建造物の関係を説明するのにも適用可能なのである）。

以上のように考えるなら、レヴィ＝ストロースの「構造」概念が、アレンに代表されるような一般的な「構造」概念と大きくかけ離れていることはもはや明らかだろう。

「構造」はしばしば「体系」と同義で使われてきたとアレンは述べているが、彼の言う「構造」とは、要素と要素の関係が固定した閉じた体系である。しかし、要素と要素間の関係が同一レベルにあるとレヴィ＝ストロースが言うとき、そこで意味されるのは、要素だけでなく関係も変形されうる（したがって全体も変形されうる）ということである。

ドーナツを例にとって考えてみよう。

ドーナツは、ふつう輪の形をした洋菓子である。ドーナツを一つの全体とみなすと、中央が「ない」ということが、ドーナツのドーナツたる所以なのだから、中央の空洞部分も、実体の備わった円環状の本体が要素であるのと同様、要素とみなすことができる。

砂糖や小麦でできた菓子本体にとりかこまれているゆえに、実体のない中空（中央の空洞部分）は、中空として「存在する」。「ないものとしてあることができるのは」、菓子全体がとりかこんでいるからである。つまりものとの関係（対立）において、「ないもの」として「ある」中空を認識することができる。しかしドーナツを食べることによって、菓子本体部分も形を変えるだけではなく、同時に中空も形を変え「中空」でなくなる。一方の要素の変形は他方の要素も変形させる。仮に洋菓子が棒状だったり、丸いパンケーキ状であれば、中空は存在しない。

また洋菓子に先立って「中空」が存在するものでもない。菓子本体部分という要素と、中空と、さらに中央：周囲：：身のない：身のつまったという関係とによって、ドーナツはドーナツたりうるのである。さらにドーナツがドーナツであるのは、それが食べられるものだからである。食べられるという、力が加わることに伴う変形がすでに含意されている。

要素と全体が異なるレベルにあるとアレンが理解しているということは、変形は本来的に、構造（体系）の外部にあるものと彼が想定していることを意味するのである。

変化や変形はアレンにとってむしろ研究者が操作して説明すべきものであり、「構造」に含まれるものと考えられていないのである。

それも「構造」という語の一つの使い方ではあるだろう。しかし「構造主義」の命名のもととなったレヴィ＝ストロースの「構造」をそのようなものとして理解するのは避けなければならない。

第四章●「神話が考える」とはどういうことか

バルトを構造分析する

すでに述べたように、バルトは『S／Z』「物語の構造分析」でテクスト分析の実例を示しているが、エドガー・アラン・ポーの短編の分析もその一つである。[1] バルトはこのテクストを実例として選択したのはバルト自身の無意識なのだと述べているが、なぜそのような選択がされたのだろうか。バルトの無意識とは何なのか。レヴィ＝ストロースの神話分析の手法を使って考えてみよう。

レヴィ＝ストロース自身がバルトの著作について構造分析をしていないわけではない。レヴィ＝ストロースには『S／Z』を読んだあとに「ちょっとした奇想」をバルトへの手紙でしたためたものがある。[2] しかしポーの短編の分析への言及はない。したがって、ここでの試みは、バルトとレヴィ＝ストロースに刺激された筆者の着想だが、神話という社会的表象（共同体や共同体を超えた時空間で共有される物語）だけではなく、「個人」（主体）の腑分け（解体）にも構造分析は示唆を与えるものになりうることを示せるのではないかと思う。

「エドガー・ポーの一短編のテクスト分析」で素材となる「ヴァルドマール氏の症例の真相」は、

第二章でも紹介した。くわしく述べると次のような話である。

ヴァルドマール氏の異様な最期

語り手の「私」は催眠術に関心をもち実践していたが、臨終間際の人間に催眠術を施した例がまだないことに気づく。催眠術をかけることで「死」の侵入をどれくらい阻止できるかという問題にとくに好奇心をそそられ、余命いくばくもない友人ヴァルドマール氏に協力を頼み同意を得る。

ヴァルドマール氏からいよいよ死期が迫ったという手紙を受けとった「私」は氏のいる病室にかけつける。土曜の夜七時だった。付き添っていた二人の医師からヴァルドマール氏は明日の真夜中頃死ぬだろうと聞かされたあと、医学生立ち合いのもと八時頃から催眠術を開始した。氏が完全な催眠状態に陥ったことが確認されたあと、「私」は対話を試みた。

「あなたは眠っているのですか」
「そうだ、眠っているんだ。起こさないでくれ。このまま死なせてくれ」
「胸がまだ痛みますか」
「痛みはない――私は死にかけているんだ」

翌朝早く、先に帰った一人の医師が戻って来たとき半醒半睡のヴァルドマール氏に同じ問いかけがなされ、同じような答えが返ってくる。医師たちはこのまま静かにそっとしておくべきだという意見だったが、「私」はもう一度質問をくり返してみた。すると二、三分後に死が訪れるまで体に著しい変化が生じ、氏は死んだかにみえた。しかし死体の世話を看護人にまかせようと「私」が思ったとき、舌がふるえ、動き出し、異様な「声」とも「音」とも判別できないものが聞こえてきた。それは「私」が二、三分前に氏に発した問いに対する答えだった。「眠っていた――だがいまは――いまは――死んでいるんだ」。

みなは恐怖に見舞われる。死をさえぎったのは催眠術であり、氏を覚醒させることは氏の崩壊を招くことになるということで、七カ月に近い間、ヴァルドマール氏はそのままの状態で（半目があき、皮膚は白くなり、下あごが落ち、はれあがった舌がみえ、体は硬直した状態）、看護人に世話されていたが、ついに覚醒させようということになり、催眠状態が解かれた。ヴァルドマール氏の瞳《ひとみ》は下がり、目蓋《まぶた》の下から脳漿《のうしょう》が悪臭を発して流れ出した。

「私」が「今どんな気持ちか説明してもらえますか」と問いかけると、「後生だ！　早く眠らせてくれ。でなかったら早く目をさまさせてくれ。俺は死んでいるんだぞ」と声が叫んだ。

病室にいた者は患者が目を覚ます姿をみるつもりだったが、次の瞬間に「死んだんだ」という叫びが口からほとばしり出ると、氏の体はだしぬけに縮まり、腐敗物の塊になった。

死に対する生の侵入

すでに述べたように、バルトは題名の機能の分析からスタートして、テクストにひびや裂け目を入れるように、一歩ずつ漸進《ぜんしん》していく。ここではそれを再現する必要はない。この物語が、バルト自身も分析しているように、生ける屍についての物語であることを確認しておけばそれで十分である。

ふつう「生ける屍」は、生きているのに麻薬やアルコール中毒で廃人になった人を表す比喩表現だが、催眠術をかけられたヴァルドマール氏は、文字通りの生ける屍で死んでいるのである。彼はもはや生を保っているべきではなく「死を保っている」べきなのにもかかわらず、音とも声とも分別できない叫びをあげる。「死が生からのがれられない[3]」様を現している（以下、《 》はポーの原作からの引用、「 」はバルトからの引用）。

《どんなかすかな生命のしるしも見られなかった》にもかかわらずふるえるように動いて音＝声を出した舌は、言葉の象徴であるとともに、内臓的な生命力の象徴でもある。生命力を一体化した言葉が《眠っていた——だがいまは——いまは——死んでいるんだ》と言うとき、生が死へと侵入しているのである。《私は死んでいる》は精神分析で言う「否認《デネガシオン》」として《私は死んでいない》ことを告げているのではなく、「むしろ《私は死んでおり、かつ死んでいない》という肯定＝否定を表わしているのだ[4]」。それは「生」の領域と「死」の領域を明確に分類可能なものとしてとらえ、生から死への移行は不可逆的とみなす近代的・医学的思考に対する「違反の極み[5]」である。

物語の冒頭の《死の間際に》がラテン語で表記されていることにバルトが注意を向けたことはすでに述べた。

ラテン語は法律や医学の言葉であって、科学的効果を生み出すが、しかしまた、日常の言葉ではなかなか言えないことがらを、あまり知られていない言葉で言うことによって、あるタブーを指し示す象徴的コードを担う（四三ページ参照）。死ということがらの中で何よりもタブーであるのは、死への移行、死の間際、《死ぬこと》であるように思われる。その生と死は、ファン・ヘネップやヴィクター・ターナーの用語を使うなら、境界期でリミナルな状態[6]をタブーにすることで互いに分離区分されて安定したものとなる[7]。しかしヴァルドマール氏の舌はそのタブーを侵したのであり、生という「一つの世界がもう一つの世界に不当に食い込んでいるのである[8]」。

舌の動きが音として出す「私は死んでいるんだ」は言語活動《ランガージュ》のスキャンダルだとバルトは言う。出会いそうにないものを結びつけることでショック反応をひきおこすことがスキャンダルであるなら（三八ページ参照）ある言語で産出される言表全体の中で「一人称（「私」）と属詞《死んでいる》の結合だけは、まさしく根本的に不可能な結合である。この短編は、言語のそうした空白部分を、盲点をまさしく埋めようとするものである[9]」。それゆえに、死んでいるのに生きているという生の死への侵入は、恐怖を生み出すのである。「ヴァルドマール氏の症例の真相」にバルトが見いだしたのは「分類の攪乱《かくらん》」「死のタブーの侵犯」であり、「死」に対する「生」の侵入であった。

「死を公然たる《主題》としたテクストに、心を動かされない者がいるだろうか？」とバルトは述べている。[10] 動かされる心はタブーの侵犯や分類への攪乱への関心でもあるだろう。では「生」に対する「死」の侵入、しかもありふれた侵入ではない侵入やタブーを扱ったテクストにバルトは心を動かされなかっただろうか。

バルザックの「サラジーヌ」がそれである。

去勢、生に対する死の侵入

バルザック作「サラジーヌ」のキーワードは「去勢」である。「エドガー・ポーの一短編のテクスト分析」のキーワードが催眠術で、身体に外傷（変工）を加えることなく精神に作用するのに対して、去勢は身体に直接変工を加え、精神的外傷を伴う。

第二章でも述べたが、「サラジーヌ」で去勢されるのはザンビネッラである。オペラの中心地イタリアでは十七世紀から十八世紀にかけてソプラノを担当する女性歌手はいなかった。教会での合唱に女性が加われなかったという背景に加え、教会が男性ソプラノ歌手を積極的に養成した事実が、カストラートと呼ばれる去勢歌手を生み出した。[11] ザンビネッラはその一人であり、チコニャーラ枢機卿の庇護を受けていた。

ザンビネッラがカストラートであることを知らない（イタリアに留学したてのフランス人で、世知にうとい）若き彫刻家サラジーヌは、女性と思い込み、ザンビネッラに魅せられただけでなく激しく恋慕する。また女性の理想のフォルムを見いだし、彫像を制作する（しかし事実を知ったサラジーヌは、煩悶したあげくザンビネッラを殺《あや》めようとするが、枢機卿の使者たちに刺し殺されてしまう)。

男であった、しかも去勢されていたという事実を知っていればサラジーヌは、あれほどまでにザンビネッラに恋することはなかった。去勢は、性の分類を侵犯・攪乱する。去勢された歌手はもはや有生(男性あるいは女性)ではなく、無生(中性、どちらでもありどちらでもない)的存在なのである。[12] しかし去勢は性の分類の侵犯にとどまらない。それは生と死の分類の妨げでもある。

ザンビネッラがカストラートであることを知ったサラジーヌはザンビネッラを殺そうとする。しかし「おまえ自身を短刀でまさぐっても、そこに、消してやるだけの感情があるだろうか、復讐に値するものが見つかるだろうか? おまえは何ものでもない。おまえが男か女であれば、殺してしまうのだが、しかし、しかし……[13]」。

「欲望の喪失は去勢歌手をあらゆる生とあらゆる死以前の存在に、あらゆる分類の外にある存在にする。分類されないものをどうして殺せようか[14]」

物語の始まりで登場し、ロシュフィード夫人が脅え関心をもった小柄な老人がザンビネッラである。彼女が目にしたアドニスの肖像画はサラジーヌが制作した二十歳のザンビネッラの彫像の模写をもとに描かれたものである。

「恐怖の本質は死ではない。生と死の分類が妨げられることだ[15]」

老/若という相反する存在としてザンビネッラは夫人の前にそれと気づかれずに出現したわけだ

が、老いた人としての彼も生／死のあわいにいる存在として描かれている。ランティ家のパーティ参加者からささやかれる、「あれが生きている人間に見えますか」「百歳にも見えれば二十二歳にも見え、生きていると同時に死んでいた」(16)「生命のない存在」「行動のない生命」(17)「恐ろしい亡霊」「死そのもの」「いったいこの人は生きてるのかしら」(18)。

カストラートとして巨万の富を得てランティ家が世に出ることを可能にしたザンビネッラの生と死の分類の間の境界性は、物語の語り手「私」による冒頭の場面の描写とも呼応する。真夜中の鐘を聞きながら、パーティ会場から雪のつもった庭の木々を見て「私」は言う。

　こんなに幻想的な雰囲気のなかで見ると、どことなく木々は経帷子《きょうかたびら》をだらしなく着た亡霊たちに似ている。それはいわゆる死者たちの舞踏を壮大にした光景だった。そして、反対側に向き直ると、私は生者たちの舞踏《ダンス》にみとれた(19)。

しかし、生と死は隣り合わせにあるというだけではない。「生きていると同時に死んでいた」老人とは、サラジーヌが「では、死ぬんだな！　いや、生かしてやろう。おまえを生かしておくことは、死よりももっとひどいものにおまえを捧げてやることではないか？」と呪ったザンビネッラなのだ。ザンビネッラは生きながらも死がまとわりつくような存在になる。つまり「ポーの短編」の「死に対する生の侵入」を倒置した、「生に対する死の侵入」がそこにはある。

レヴィ＝ストロースを反復したバルト

「サラジーヌ」は「ヴァルドマール氏の症例の真相」を二項対立的に変換させたものといえる。バルトが『S／Z』を刊行したのが一九七〇年で、それに先立って一九六八—六九年に「サラジーヌ」をパリの高等研究院の授業で読んでいた。一方、「エドガー・ポーの一短編のテクスト分析」は一九七三年である。刊行順からいえば『S／Z』が先で「サラジーヌ」の変換を思い立ったときに目についた（視界に浮上した）のが「ヴァルドマール氏」ということになるのだろうが、即断はできない。

しかしここで重要なのは、分類の攪乱という共通の枠組の中で、「生に対する死の侵入」を変換して、「死に対する生の侵入」という物語を導くという神話の方法が、バルトのテクスト間にも見いだせるということだ。さらにそこには、身体変工の技法（去勢）対精神の変化の技法（催眠術）という二項対立も見いだすことができる。

なぜ無意識にポーの短編を選んだか？　バルトの精神は、無意識のうちにレヴィ＝ストロースが唱える神話の方法（二項対立、変換）を反復していたからだとは言えないだろうか。七〇ページで述べたように、人が気づかないところで、「神話が考える」という現象が、太古の新大陸先住民の間だけではなく、現代のフランス人バルトのうちにも生じていたのである。『S／Z』を出した頃のバルトは、構造主義と訣別したとしばしば語られる。[20]しかしその時代においてもなお、バルトのテクスト選択、関心を寄せる主題は、構造主義的（レヴィ＝ストロース的）だったのである。

交叉点としての「私」

「主体」という概念の否定は、レヴィ＝ストロースにおいて、自らの感覚として経験されていた。一九七七年のカナダ放送協会のラジオ講演『神話と意味』の始まりで彼は次のように語っている。

私は書きあげるとほとんどすぐに、何を書いたかを忘れてしまうのです。そのために何か不都合なことが起こるかもしれません。でも、私が自分の本を書くのだという感じをもたないということは、これまた何か意味深いとも思っています。私の本は私を通して書かれる、そしてひとたびそれが私を通り抜けてしまうと、自分は空になって、あとには何も残っていないように感じます。[21]〔中略〕

私は以前から現在にいたるまで、自分の個人的アイデンティティの実感をもったことがありません。私というものは、何かが起きる場所のように私自身には思えますが、「私が」どうするとか「私を」こうするとかいうことはありません。私たちの各自が、ものごとの起こる交叉点のようなものです。交叉点とはまったく受身の性質のもので、何かがそこに起こるだけです。ほかの所では別のことが起こりますが、それも同じように有効です。選択はできません。まったく偶然の問題です。[22]

レヴィ＝ストロースの代表作『神話論理』の対象は、南北アメリカの神話である。しかしレヴィ＝ストロースの感覚としては、神話が対立や媒介によって相互に関係し合い変換を起こす場所と化したのがレヴィ＝ストロースだったのであり、『神話論理』とはそこで生じた出来事の痕跡をつづったものと言えるだろう。レヴィ＝ストロースは『神話論理』のauthor（著者、作者、創造者）だったのではない。レヴィ＝ストロースの中で「神話が考えた」のである。(23)

起源を説明する

では、神話とは何か。神話というとギリシア神話や日本神話のように、神々が登場する物語のことと思いがちだが、それがすべてではない。『神話論理』でとりあげる新世界先住民の事例を中心にレヴィ＝ストロースは、「神話とは、動物界と人間の間にまだ区別がなく、動物が人間の姿をとったり、人間が動物の姿をとったりできた時代に遡る物語」つまり、「動物と人間（中略）それぞれが宇宙に占める領域がまだはっきり区別されていなかった、非常に古い時代におこったことの物語」だという。そしてこの太古の出来事は、「いろいろの事物がどのようにしてできたか、現在どうなっているか、将来どのような形で残るか」を説明しようとする。(24)

神話はその際、特定の一現象を説明しようとはせず、「ただ一つの説明によって、宇宙のさまざまな次元において事物がなぜ現在の姿であるかを述べ」ようとする。(25) 太陽が地球からほどよい遠さにあるのはなぜか。なぜ太陽と月が互いにほどよい距離を保ち、昼夜の交替が規則的なのか。男がほどよい距離のところに妻を求めねばならぬのはなぜか。それらの問いに同じ一つの神話が説明を与えようとする。宇宙論、天文学、社会学などあらゆる層の問い（例えば、ほどよさが設定されたのはなぜかという問い）に神話は答えるようにしているのである。

例えばブラジルの先住民カヤポ族の栽培植物の起源神話をみてみよう。『生のものと火を通したもの』ではM90として紹介されている（以下は、紹介されているものをさらにまとめ直したものである）。

インディアンが木に生えるキノコと腐った木の粉しか食べていなかった頃、水浴びしていた女が小さなネズミからトウモロコシの存在を教えてもらった。女は村の男たちにトウモロコシのことを伝える。トウモロコシは大きな木の上になり、幹がとても太かったので、木を倒す斧をもう一本取りに村に戻らなければならなかった。その途中で若者たちがサバンナのオポッサムを殺して食べたため、彼らは老人に変身してしまう。呪術師たちの努力にもかかわらず若返りすることはなく、それ以来オポッサムの肉を食べることは厳重に禁止された。トウモロコシのおかげで、インディアンの食べ物が豊かになり、インディアンの人口も増えた。言葉と習慣の違う部族も現れた(26)。

この神話は人間の女とネズミが会話できていた太古の物語である。トウモロコシの起源（農耕の起源）という特定の一現象ではなく、老化、食餌の禁忌という慣習、部族と言語の起源も一度に語られているのである。

正典のない物語

このとき「同じ一つの神話」を私たちがふつうに理解するように、例えばバルザックの「サラジーヌ」を一篇の中編小説、ポーの「ヴァルドマール氏の症例の真相」をまた別の一篇の短編小説とみなすように、「単一」（単数）の物語」と考えてはいけない。

神話は、人類が文字をもつ以前から今日まで、口頭で伝承されてきている。伝承されるとき、語り手に応じて、またある民族から別の民族へ伝播する際、「同じ一つの神話」でも細部に、あるいは筋の展開や内容に、違いが生じてくる。神話にはたくさんの変異形が存在する。

ボロロ族には、太陽と月が水で火を破壊する神話がある。しかし、人間の火を水浸しにするとある神話では語られるが（M122）、別の神話ではカワウソの火に小便をして火をだめにすると語られている（M121）。また太陽と月はのどがかわいたので、水に棲む鳥たちに水をもらおうとして鳥たちの壺を太陽がもちあげようとしたとき、壺を落として水が流れ出たと語る神話もある（M120）。[27]

神話の細部の違いを、人々は一つの内容や筋に統一しようとしないのである。

しかし、「そのたくさんある変異形の一つを人は選ぶわけでもなく、その批判を試みるのでもなく、どれか一つが正しいとか、他のに比べてより正しいというふうに法令で決めるわけでもない」[28]「人はそれを全部同時に受け入れて、しかもその互いに違っていることなど気にもとめない」。正しい本文、正しい形態、原初的な形態などないのだ。[29]「すべての異文を正しいものとして考えねばならない」[30]のである。レヴィ゠ストロースが「同じ神話が」と言うとき、校訂されて原典と認められた正典としての一篇の物語を念頭に置いているのではなく、「すべての異文」の群れを指していることを忘れてはならない。

先ほどの栽培植物の起源を語るカヤポ族のM90にも、変異形が存在する。カヤポと同じくジェーという言語グループに属する別の民族アピナイェ（M87）、ティンビラ（M88）、クラオ（M89）では、星である女が地上に降りてきて人間の男と結婚するエピソードが語られる。M90では、腐った木を食べていた地上の人間に、妻である星が、火で熱した石に水をかけて果物を蒸し煮する調理法を教える。[31]

これらもあわせて考えると、物語に、天上／地上、女／男などの二項対立と連動して宇宙論的次元がつけ加わるだけではなく、生のものか腐ったものを食べる／火にかけたものを食べるという二項対立もより鮮明になる。

このようにみていくと、神話は、ある一人の作者の思想や生涯を反映した「作品」からは限りなく遠いということがわかる。ジャーナリストのエリボンとの対話（『遠近の回想』）の中で「どのようにして神話は現れたのか。最初は誰か一人の人間によって語られる必要があるのではないか」というエリボンの問いかけに、レヴィ＝ストロースは誰か一人が話し出したにしても個人的創意が神話を生み出すわけではないと答えている。個人の創意が神話になるためには、個人を離れて社会集団によって広く受け入れられねばならない。神話とは社会集団の知的・道徳的欲求に応えるものだからである。(32)その限りではどのような変異体も排除せず受け入れる（もちろんその一方で語られても消えていくものもあるのだが）。しかし単純に社会の制度や慣習、歴史や環境を反映したりそれらに合致するもののみが神話として生き残るのでもない。この点はすでにベラベラ族のハマグリの水管について述べたことだが、再度別の事例でよりくわしく説明しておこう。

移動に伴って変換される

例えばヤマアラシという動物は、カナダ東部のアルゴンキン語族にとってその肉が珍重される動物で、女性もヤマアラシの針で刺しゅうをしていたので、狩りもさかんであった。一方同じアルゴンキン語族で、大平原に住むアラパホ族はヤマアラシがほとんどいない地に生活しており、狩りはできず、刺しゅう用に針を入手するには、ヤマアラシが生息する北の部族と取引するか、危険を冒して他部族の地へ遠征するしかなかった。カナダのアルゴンキン語族にとってヤマアラシは現実の動物であったが、アラパホ族にとってはそうではない。カナダのアルゴンキン語族の神話では、ヤマアラシは重要な役割を演じている。だとしたら、ヤマアラシが希少なアラパホ族では、自然環境を反映して、ヤマアラシの登場する神話は語られないか、ヤマアラシはとるに足らない役しか演じないことになるのだろうか。そうではない。アラパホ族にもヤマアラシの登場する重要な神話があり、カナダの神話と比較すると大きな変換がみられる。

アラパホ神話では、月がヤマアラシに変身する。天にいる兄弟の太陽と月が、配偶者にするには雌ガエルと地上の人間の女とどちらがよいか言い争っていた。月は人間の女がいいと言いヤマアラシに変身し、美しいインディアンの女の前に現れ自分のあとを追わせるようしむけた。刺しゅうの針が欲しい娘はヤマアラシが逃げ込んだ木を上へと登り、天上の世界へといたった。そこで月はもとの人間の姿に戻り、娘と結婚した(33)。

一方カナダのアルゴンキンであるメノミニー族の神話では、ヤマアラシは寒さの主である。二人の姉妹が遠くの村へ行く途中、切り倒された木の中に隠れていたヤマアラシをみつける。少女の一人がヤマアラシの棘《とげ》を抜き、投げ捨てると、ヤマアラシは吹雪を起こし、二人の少女は死ぬ(34)。

オジブワ族の神話では、湖が凍りつく冬にあてなくさまよう身寄りのない二人姉妹がヤマアラシをみつけ、一人がその背中に腰をおろしたので棘が全部尻にささってしまい、少女の傷はなかなか治らなかった(35)。

北方のアルゴンキン（メノミニー、オジブワ）とアラパホを比べると、ヤマアラシは、寒さと雪を支配する力をもつ地上の動物から、人間の姿をした超自然的な天上の存在の仮の姿へと変化している。月の仮の姿の神話は、気象のリズムではなく、生理の周期性とかかわる。神話の説明によると、月の妻こそ月ごとの生理をもち、通常の妊娠期間を経て出産した最初の女性なのである。

したがってメノミニー、オジブワからアラパホへ移ると、神話のヤマアラシは、地上の村落を結ぶ経験的な水平軸を離れ、天地を結ぶ想像的な垂直軸へと身を置くことになる。その他両者の間には以下のような二項対立的な対照性がみられる。一方では登場する二人の女は姉妹であるのに対し、他方では人と蛙という異なる動物種に属する。メノミニー、オジブワでは姉妹は水平方向に移動するのに対して、アラパホでは垂直方向に移動する（カエルも太陽に連れられて夫の世界へやってくる）。またアラパホでは、（ここがレヴィ＝ストロースの構造分析の秀逸な点だが）ヤマアラシから棘を抜く代わりに、地上の人間の村から女が抜きとられてしまう。メノミニーの神話ではヤマアラシは倒れた木の中に隠れているのに対し、アラパホでは木の表面を人目にみえるように移動する……。

神話は異なる生態系を移動しているのだが、そのことと何のかかわりもないのが、これらの変形的関係である。それは神話に固有の論理にしたがって生じたものなのである。

かくしてヤマアラシの神話はアラパホの住む大平原で生きのびたのである（アラパホは数世紀前に大平原地帯へ移住してきたことがわかっている）。

仮に特定の個人ではなく、集団とか社会を神話の作者だとみなしたとしても「作者」の世界観、社会構造、歴史をストレートに神話の中に読み解くことができるわけではない。アラパホの神話はメトミニーやオブジワなどのアルゴンキン語族の一見無関係にもみえる神話と比較参照することで意味を理解できる。この点でも、神話は作品ではなく、バルトの言うテクストなのである。

すべてが一つの神話

しかしバルトが「サラジーヌ」という一つのテクストにひびを入れるようにしてテクストの無数のメッセージをコードに即して解読したのとは異なり、『神話論理』のレヴィ＝ストロースは、八百十三の神話およびその千あまりの異本を相互に関連づけ、どのような変換関係が存在するか、そしてそこに規則性が見いだせるかを明らかにする。レヴィ＝ストロースにとって、意味とは一つ一つの細部に宿るのではなく、異本と異本の間に、言い換えれば、相互の示差的関係の中に、見いだせるものなのである。そしてバルトが一つのテクストにひびを入れて解体したのとは対照的に、『神話論理』全四巻は、分析の対象となる神話群を変換という操作で結びつけながら、結局のところ鳥の巣あさりという（出発点〈M1〉と到着点〈M813〉でとりあげた）「同じ一つの神話」を扱っていたことが明かされるのである。

鳥をつかまえに崖の中腹や木の上の鳥の巣に登った主人公が、彼とともに出かけた近しい者によって置き去りにされてしまうという神話のエピソードを「鳥の巣あさり」という。中央ブラジルの先住民ボロロ族の神話M1では、父親の妻の一人をレイプして父の怒りを買った若者が、父親に誘われて、鳥の巣あさりに出かけ崖の中腹に登ったとき、はしご代わりの棒を父親に切り倒され、置き去りにされる。岩山の頂上にたどり着いた彼は、そこでトカゲを狩って食べるが、食べ残したトカゲは腐り、悪臭を放つ。その臭いにひきよせられた腐肉を食べるコンドルが若者の尻の肉を食べたあと、若者を崖の下に降ろしてくれる……。(36)

ブラジルから遠く離れた北アメリカ北西部の先住民の間にも類似の神話が語り伝えられていた。クラマス族の神話M530aでは、造化の神が息子の妻の一人に心を奪われたため、息子にタカの巣あさりを命じる（M1では息子が父の妻の一人をレイプするが、M530aでは父が息子の妻の一人に心奪われるというように、同じ「鳥の巣あさり」でも変換がみられる）。裸になって木によじ登った息子だったが、木は急速に生長し、下に降りることができなくなってしまう。木の上で飢えていた息子を救ってくれたのは、一羽の鳥ならぬ二人の蝶娘という超自然的存在だった……。(37)

『神話論理』最後の神話は再びブラジルに戻る。ティンビラ族の神話M813aは、鳥の巣あさりの神話にはみえない。崖や木の上に登って置き去りにされるエピソードがないからである。しかし、主人公が全身の膿瘍《のうよう》のため、周囲から見捨てられたあとに、腐肉を食べるハゲワシたちが主人公の体から膿と蛆《うじ》虫をとり除き、天へ連れて行ってくれ、焼いた肉とパンケーキで主人公を養ってくれたという物語はM1の異文（別バージョン）とみなせるのである。(38)

バラ窓のように広がる

しかし、そのことは『神話論理』が完結した体系的著作であるということなのではない。『神話論理』第一巻『生のものと火を通したもの』の「序曲」で、「本書の特徴は主題がないということである」とレヴィ＝ストロースは述べている。(39)ある一つの神話を分析の対象として出発しても、その変異形がその周囲に広がり、「バラ窓的」模様の形をつくる。バラ窓とは、カテドラル正面のス

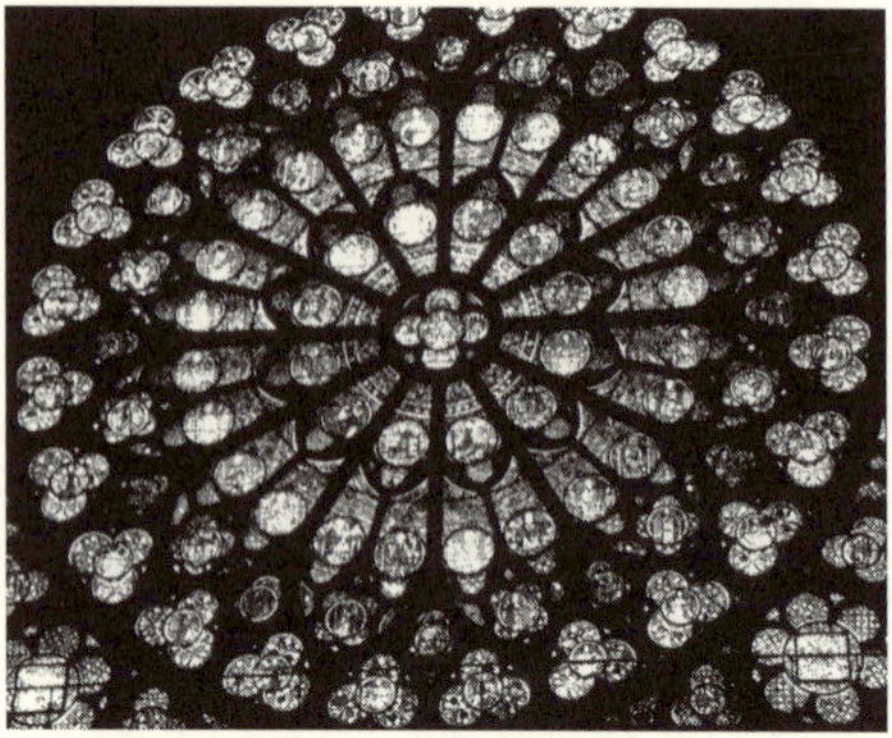

写真4-1　ノートルダム寺院のバラ窓

テンドグラスのことで、唐草模様のようなものになっていて、どこにもアクセントがない（写真4-1）。「それがだんだんと広がっていきながら複雑な形を作り上げる。またそのバラ模様の周辺に位置している変異形を一つ選んで、それを新しい中心に据える」としたら、「同じことが起きて、別のバラ模様が描き出される」「この新しいバラ模様は最初のバラ模様と部分的には」重なり合うが、はみ出すところもある。これが延々と続いていく[40]。『神話論理』はこのように展開していく。何かがただ一つの中心的主題として解明されていくというのではなく、ある問題を扱おうとしたら、さらなる問題がその周囲に生じ、それらを分析しようとしたらまたさらなる問題が生まれる……。「秘められた統一性も存在しない[41]」。終わりはなく、『神話論理』が四巻で完結したにせよ、解明されていないままの問題も残されており、終わりはとりあえずの終わりでしかない。一方、始まりもとりあえずの始まりでしかない。基調神話M1としてボロロ族の鳥の巣あさりの神話を選んだのは任意でしかなく、「別の出発点を選んだところで、同じように展開したことであろう[42]」。

主題も始まりも終わりもないというのが言いすぎなら、すべてがとりあえずのものでしかない

『神話論理』も、「作品」ならぬ「テクスト」と言えよう。著者、題材、著作そのいずれにおいても作者と作品が解体されている。それが『神話論理』なのである。

感覚と論理の統合

ところでなぜレヴィ゠ストロースは神話を研究対象に選んだのだろうか。

バラ窓的模様について紹介した発言のあとに彼は次のように続ける。バラ窓的模様の広がりが「無際限に続くというのでもなくて、この湾曲した構造物は、結局、また元の出発点に戻ってきます。その結果、最初は渾然として見分けの付かなかった場に、網の目のように広がった力線が現われ、この場が強固に組織されていたことが明らかにされたのです(43)」。

神話と神話のつながりや変形の仕方は決してでたらめなものではなく、それなりの論理と規則性がある。レヴィ゠ストロースが神話研究にとりかかる以前には（そして今でも世の中の大半ではそうだが）、神話とは時代遅れの荒唐無稽な物語とみなされていた。何か意味があるとしても、社会的慣習や歴史の反映、ある社会的制度（例えば王権）を保証する憲章として神話学者や人類学者によって考察されてきた。しかしそれ自体としては非現実的、非合理的、首尾一貫性のない内容をもつ物語として受けとめられてきたことに変わりはない。それに対してレヴィ゠ストロースは、空想的で恣意《しい》性の「極限的な性格を示すこの領域でさえ、〔中略〕法則に似たものが存在する(44)」ことを明らかにしてみせたのである。

神話を語り伝えることにおいても人間の知性は非論理的ではない。そしてその知性は、生のものと腐ったもの、ヤマアラシの生息や季節の周期といった具体的、感覚的なものとは切り離されていないのである。西洋の理性や合理的精神とは異なる知性（野生の思考）の可能性を示し、評価すること。それが神話をとりあげた目論見だったのである。

感覚と論理が統合される神話の世界には、主題を押しつける超越的作者はいないのである。

第五章●類似から相似へ

逆説的な文字

レヴィ＝ストロースは神話を作者のいないテクストとして扱ったが、テクストになるのは物語だけではない。絵画もテクストとして「読む」ことができる。

フーコーは『言葉と物』の後半の議論のための前哨として、第一部第一章でスペインの画家ベラスケスの《侍女たち》をとりあげているが、『マネの絵画』ではマネを、『これはパイプではない』ではルネ・マグリットを論じている。数が多いとは言えないにしてもフーコーの絵画論は強く印象に残るが、ここでは『これはパイプではない』をとりあげよう[1]。

ベルギーの画家ルネ・マグリット（一八九八―一九六七）の絵画には、一本のパイプが丹念に描かれ、その下に「これはパイプではない（Ceci n'est pas une pipe.）」という一文がある。「パイプではない」パイプの絵としてよく紹介されるのは一九二八―二九年の《イメージの反逆》であろう（写真5－1）。

パイプにしかみえないものにもかかわらず、そのかたわらに「これはパイプではない」という文

写真5-1　R. マグリット《イメージの反逆》1928-29年

字が並んでいるのをみると、私たちは逆説的な文字列ゆえに奇妙に思う。「これはパイプでしかないではないか」と。しかしなぜそう思うのであろうか。

パイプの画《え》のかたわらに文字列があると、私たちは「これはパイプではない」の「これ」とはその文字列のそばにあるパイプを指し示すものと思ってしまう。「これはパイプではない」を私たちはパイプの画の説明だと受けとっているのだ。しかしその考えは何によって保証されているのだろうか。

「これはパイプではない」は《イメージの反逆》という絵の外ではなく絵の中に描かれている。それはパイプ同様、絵の構成要素の一つである。この文字列は絵の額ぶちの下に添えられる題名ではないのだ。この文字列がパイプとして描かれたものの説明であることを示す（保証する）ものは何もない。それは何ものも指示せず「これはパイプではない」が単にたまたまそこに記されただけのものである可能性は否定できない。

仮に何かを説明するというメッセージ性があるにしても、「これは」の「これ」はパイプではなく、「これ」が含まれる文そのもの、自分自身のことを指し示しているともとれる。だとしたら

「これはパイプではない」という文字列は、パイプではなく文字の連なり（の絵）なのだから、パイプではないことは明白である。「これはパイプではない」は決して間違っていない。

そうではなくやはり「これ」はパイプとして描かれたもののことだと仮定してみよう。しかし「これ」が指し示すものはパイプの「画」であって実物のパイプではない。またこのパイプの画像は、文の中に含まれ、人がそれとして認識しているパイプ（pipe）という語でもない。だから「これはパイプではない」はここでも逆説的な言説でも何でもないことがわかる。

私たちがパイプの下に「これはパイプではない」という文の書かれてある絵をみて、物と文の関係が矛盾しているように思うのは、絵画鑑賞の文法に暗黙裡に従っているからである。その文法とは以下のようなものだ。具象的な図は実物を忠実に〝再現〟しており、額ぶちでくぎられた絵の二次元空間の中では描かれた〝もの〟は、（まず画布に塗りつけられた絵具のかたまりとして考えるのではなく）それが〝再現〟しているものそのものとして受けとられる。さらに同じような鑑賞の文法に従って、パイプの画と文字列の関係を、絵そのものとそれを説明する題名のような関係として私たちは受けとっている。(2)

私たちは、画布に描かれた題材（主題）の意味を正しくつかみとるためには題名が重要であると考え、題名を手がかりに絵を鑑賞しないだろうか。だとすると、絵画にとって文字（エクリチュール）は不可欠であり、画と文字の関係は対等なものだとは言えないことになる。

絵の中に描かれた「これはパイプではない」という文字の絵は、鑑賞の前提となる、画と文字の不均衡な関係の存在を明らかにするものでもある。

しかし同時に以上のような読解を導きそれを可能にするのも、「これはパイプではない」が絵の中にありながらも、説明機能を果たすべきエクリチュールとして〝読まれている〟からである。「これはパイプではない」が、絵(の一部)でありながら文字であるという意味で、逆説的であるのは完全に否定できないのである。

マグリットの企てを分析するフーコーの『これはパイプではない』をまとめると以上のようになる――というのは、実は適切ではない。フーコーの読解の基本的な部分を説明しているにせよ、すべてではないし、何よりも、フーコーの魅力の一つである論じ方、思考の展開のさせ方が伝わらないからだ。ではフーコーはどのように議論していったのだろうか。それを追ってみよう。

マグリットに二項対立を見いだす

するとただちに気づくのは、フーコーはレヴィ＝ストロースの構造分析さながらに、二項対立的に、そしてほかのテクスト(絵画)との関係性の中でマグリットのパイプの絵を読み解いているということだ。

フーコーがとりあげるパイプの絵は《イメージの反逆》だけではない。それに続けて《二つの謎》も言及される(写真5－2)。

《二つの謎》では、《イメージの反逆》と同じパイプ、同じ言葉、同じ書体が額ぶちの内部に置かれ、さらにその額ぶちは画架の上に載っているのだが、その上方には額ぶちの中の図像にそっくりな巨大なパイプがある。額ぶちの中のパイプと外のパイプ。さらには額ぶちの中の文字と二つのパイプの関係それぞれについてさまざまな読み方（どれも決定的ではない）ができるとフーコーは述べる。

例えば二つのパイプは同じ一つのパイプの二つの画か、一つのパイプとその画か、それぞれ別個のパイプを表象している画か。さらにここへ文字が加わる。「これはパイプではない」という文字は「パイプがあるのは上方であって、この額ぶちの中ではない」と言いたいのか、「それとも上方に浮遊するのはパイプの夢あるいは理念であり、そこに真のパイプを探したりしてはいけない」ということなのか。上方のパイプは絵から抜け出た発散物、パイプから出た煙からできたものなのだろうか。

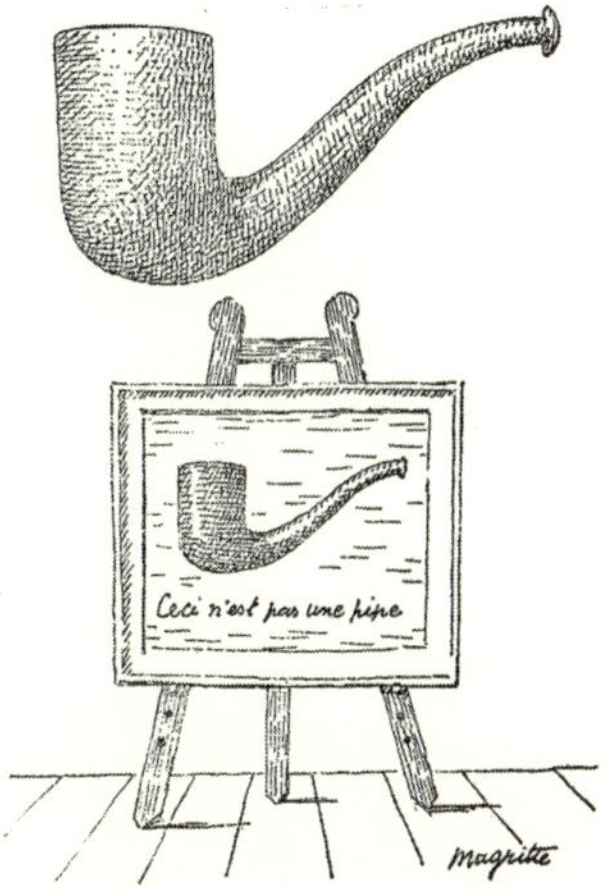

写真5-2　同前《二つの謎》

上方のパイプと下方のパイプには類比と対比がみられる。上方：下方：：浮遊：安定。しかし、下方のパイプの画を安定させている台もいくぶん不安定であり、倒れやすいようにもみえる……。すると上方：下方：：不動：崩壊というように対立が逆転する……。

マグリットの中にあるこれら二項対立を考えるた

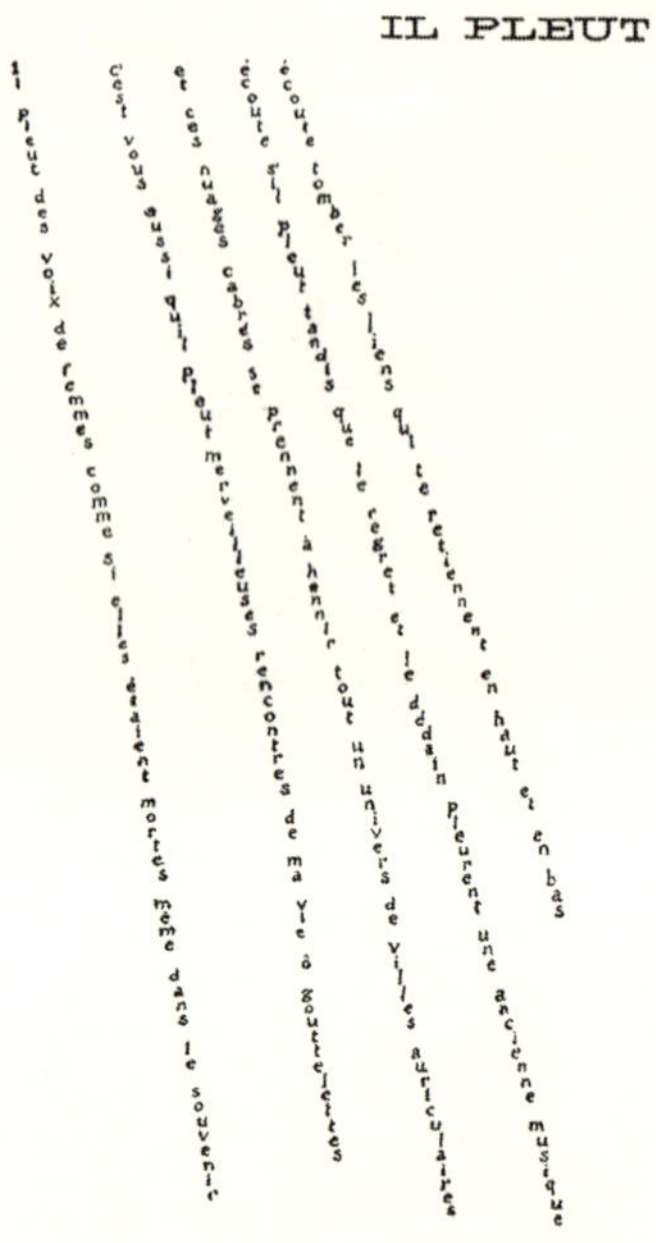

写真5-3　G. アポリネール《雨》

めに、フーコーはさらなる二項対立の中にパイプの絵を位置づける。カリグラムとの対立の中にである。

カリグラムによる再現＝表象＝代行

カリグラム（calligramme）とは、文字が絵の形になっている詩のことであり、図形詩ともいう。代表的な詩人はギヨーム・アポリネール（一八八〇—一九一八）である。彼は『カリグラム』という作品集を死の直前（一九一八年）に発表しているが、フーコーも示唆している《雨》は、写真のように紙面上方からやや斜めに、雨が降るように文字が配列されている。（写真５－３）。左から線分を読んでいくと

Il pleut des voix de femmes comme si elles étaient mortes même dans le souvenir
c'est vous aussi qu'il pleut, merveilleuses rencontres de ma vie. ô gouttelettes
et ces nuages cabrés se prennent à hennir tout un univers de villes auriculaires
écoute s'il pleut tandis que le regret et le dédain pleurent une ancienne musique

écoute tomber les liens qui te retiennent en haut et en bas
あめがふる　おんなたちのこえが　おもいでのなかでさえも　しんでしまったように
きみたちもまたふる　わがしょうがいの　すばらしいであい　おお　ちいさなしずくよ
そして　あのあとあしでたったくもは　うまみたいにいななきだす　みみにきくまちまちのせ
かいそのもの
おききき　あめがふれば　いっぽうで　みれんとけんおが　むかしのおんがくに　なみだをそそぐ
おきき　うえとしたから　おまえをしばりつける　きずなが　きれおちるのを

（窪田般彌訳、『アポリネール詩集』小沢書店より）

同様の詩に「エッフェル塔」がある（写真5－4）。

カリグラムは文と図像とを互いに最も近くまで接近させ、物の形を限っている線《リーニュ》と文字をつらねた行《リーニュ》を一致させ、言表《エノンセ》（つまりシーニュのつらなりである文）を図像の空間に宿らせる。カリグラムは「画が表象しているものを文をして言わしめる」のである(3)。

カリグラムにおいて文字はシーニュとして言葉を定着

S
A
LUT
M
O N
D E
DONT
JE SUIS
LA LAN
GUE É
LOQUEN
TE QUESA
BOUCHE
O PARIS
TIRE ET TIRERA
TOU JOURS
AUX A L
LEM ANDS

写真5-4　同前《エッフェル塔》

させるが線として事物を象《かたど》ることも可能である。

カリグラムは「示すことと名ざすこと、象ることと言うこと、再現することと分節すること、模倣することと意味すること、見ることと読むこと」という対立を遊戯のうちに「抹消しよう」としているかにみえる。(4)

写真5-5　R. マグリット《これはパイプではない》1926年

ただ文字として「雨」と記しても、その場に降り落ちた水滴が出現するわけではない。雨は不在である。シニフィアンとして「雨」という文字はその場には不在の水滴である雨を想像させるのみである。しかしカリグラムにおいて、紙の上に巧みに配置された文字列は、その輪郭と余白によってその場にはない語っている物そのものを呼びよせ、再現＝表象＝代行（英語、フランス語ではいずれもreprésentation）する。しかし、同時に配列された文字のつらなりは雨にまつわるメッセージを伝達しているのである。

しかしフーコーはこれを逃れようのない「罠《わな》」だという。(5) そしてマグリットのデッサンはこの罠から逃れよう（回避しよう）とする壊されたカリグラムなのだという。なぜ「罠」なのだろうか。カリグラムは画と文字のいわば重複語法である。しかしカリグラムにおいて文字は物を呼びよせる（表象する）と同時に語ることはできない。文字を読んでいるときに象りは消失する。象りが浮かびあがるようみているときは、文字のメッセージは伝わらない。語りと象りは互いに排除の関係にある。
一方、確かにマグリットは画と文字を乖離《かいり》させる。しかしこの乖離において語りと象りは排除の関係にはないのだ。一九二六年のシンプルなデッサンで説明してみよう(写真5-5)。

画像と文字の新しい関係

Ceci n'est pas une pipe という言葉は画の下にあり、絵画の説明文にみえるが、しかし絵画の境界線の内側に置かれている。それは言葉の画像であり、何か別のものを説明しているのではなく、それ自身として読む、あるいはまなざさなければならないものとなる。「それらは言葉を描き出す言葉であり、画像の表面にあって、これはパイプではないと述べる文の反映[6]」となっている。つまりそれらは「これはパイプではない」という言表(発せられたり記された言葉)をその言表そのままに再現=表象したものなのである。Ceci n'est pas une pipe は Ceci n'est pas une pipe のカリグラムであり、パイプではないのだから、パイプではないもののカリグラムになっているとも言えるだろう。

Ceci n'est pas une pipe がカリグラムであるというのは言いすぎのようにもみえる。しかしそうではない。くり返し述べているようにこの文はパイプの画像の下にあたかも説明文のように配置されている。その上には「これはパイプである」と名ざす必要がないくらい見まがうことなき物の画像がある。文は、したがって二重の意味で逆説的になる。名ざす必要のないものを名ざし、しかもそれがそういう名であることをうち消しているのだ。文字の配列とそれが名ざすものを一致させようとするのがカリグラムだが、文と物は名ざす必要のないほどきわめて接近しながら、両者は一致しないのがCeci n'est pas une pipeとパイプを象った画なのである。Ceci n'est pas une pipeはパイプの画像からも絵の形をとるカリグラムからも離れていくのであり、それ自らのカリグラムとして収まっていくことになるのだ。このとき、マグリットの絵はカリグラムに潜む隠蔽と排除を明るみに出す。

　配置された文字が雨や塔を形づくるためには、文字はシニフィアンとしてではなく、点や線分でなくてはならない。視線はそのように文字を眺めるのでなければならない。眺める者あるいは読者が文字をシニフィアンとして読み始めるなら、形態は解消してしまう。「文が理解されるそばから、それ以外の描線は形態の可視的充実もろとも飛び去り、残るのは意味の線条的、継起的な展開ばかり」[7]である。解読された線分の一部「雨の滴」はもはや雨ではない。「カリグラムは決して時を同じくして言いかつ表象することはないのである。見られかつ読まれるこの同じ一つのものは、見ることにおいては黙され、読むことにおいては隠蔽されているのである[8]」。

　にもかかわらずみることと読むことの対立を抹消しているかにみえる。それがカリグラムの罠なのである。「これはパイプではない」[9]はカリグラムが隠していたこと、言わないことを顕現させたものにほかならない。

　マグリットは文と画像を再配分し、空間内に固有の位置をとり戻させる。画像には文字は不在であり、文においては（画像とのつながり、画像を何として受けとるかについてのある見方の）否定が表明されている。画像と文字は乖離している。しかし、両者の位置が近接するカリグラムとは異なり、二つの位置は排除され隠蔽されたりはしない。つまり、肯定される。画とパイプは相互に直接相手に帰属していないのだ。

　そのとき画像と文との間から相互攻撃があり（しかし二つの位置は隠されたり否定はされない）、「これはパイプではない」にはこの章の始めに示したもの以外に新たな読み方ができることがわかる。

図5-1　パイプのカリグラムの一例

画像が宙に浮く

　Ceci n'est pas une pipe の Ceci（これ）とは、パイプの画像と「これはパイプではない」という文両方から構成されている全体であり、それがカリグラム的なパイプ（パイプを意味する文字がパイプのような絵を構成するもの、図5-1）ではないと示しているのだ。つまり文字という記号と画像を象る線が共通の場を占めていることを否定している。共通の場を消滅させるという機能を、Ceci n'est pas une pipe は果たしているのである。だとしたら、パイプのカリグラムはないのだから「どこにもパイプはありはしない」ことになる。画像と

写真5-6　R. マグリット《人間の条件》1933年

写真5-7　同前《赤いモデル》1937年

文は切り離され、両者の間には空白の地帯が浮かびあがる。パイプの画像は文字から切り離され、いわば中空に浮くのだ。

中空に浮くパイプの画像のさまは《二つの謎》でさらに強調される。タブロー（絵）の外にも巨大なパイプの画像が描かれているからだ。タブローの中の画像がそれを模したかにみえるこのパイプもやはり画でしかなく（文字ではもちろんない）、パイプそのものではない。タブローの内であれ、外であれ、パイプの画像とパイプを名ざす文とはくっつき合うことはない。ここでも共通の場が消滅するのだが、共通の場とはパイプの画像をパイプと呼ぶ常識でもあるのだ。

マグリットのパイプの絵画にみられる画像と文字の切り離しをフーコーは、次にほかの絵画との比較によっても確認するがこの箇所は短い。対比されるのはパウル・クレー（一八七九―一九四〇）とワシリー・カンディンスキー（一八六六―一九四四）である。ここでも問題は文字表記と造形の関係である。十五世紀以降の西洋絵画では言語的記号と視覚表象の再現は同時に与えられず、常にある不均衡（序列）が存在するが、クレーはこの原理を廃棄し、二つはともに顕彰される。一方西洋絵画には、似ていることは再現することだという原理があるが、これはカンディンスキーによって断ち切られる。

　クレーとカンディンスキーに比べると、マグリットの絵は類似の正確さに執着しているかにみえる。《人間の条件》（一九三三年、写真5－6）のように画像に描かれた森、草、木は窓の外の風景とそっくりである。また《赤いモデル》（一九三七年、写真5－7）のように、一足の靴の正確な表象＝再現は、靴が、カンディンスキーやクレーと比べると、それが包み込むべき素足に似ようとするかのようである。[10]

写真5-8　同前《夢の鍵》1930年

　しかし類似が正確だからといって、文字表記的要素と造形的要素の切断への執着がなくなるのではない。それゆえもしマグリットの絵で説明文と画像が接近するとしても、画像の明白な同一性はそのかたわらにある文字によってただちに裏切られるものになる。《夢の鍵》（一九三〇年、写真5－8）に描かれているように、靴（にそっくり似たもの）は月（lune）、卵（にそっくり似たもの）はアカシアと呼ばれるのだ。

このように、パイプの絵とパイプの絵の比較、カリグラムの対比、ほかの画家との対比などの一連の二項対立的比較によって、マグリットにみられる画像と文字の切り離しをフーコーはさまざまな角度から明らかにしていくのだが、マグリットのこの切断が実はさほど単純なことではないことにフーコーはこだわっている。マグリットが絵画に名づけるのは、名称というものを遠ざけておくためだが、それでも名称もしくは文字があるということが絵画の中の空間を掘りくずす役目を果たすことを否めないからである。

物の自律性

次に登場するさらなる二項対立は、《これはパイプではない》に対する《会話の芸術》である（一九五〇年、写真5－9）。絵の下方に小さく描かれた人物が二人で話をしているが内容は聞きとれず、声は巨大な石の壁の沈黙に吸収されてしまう。この石の塊の最下段は文字となってRÊVE（夢）という語を形づくっているのがみてとれる。フーコーは一文字補えばTRÊVE（休止）にもCRÊVE（重病、横死）にもなるというが、確かにRの左横の石はTにもCにもみえないことはない。人間の失われていくおしゃべりの背後で、石である物は無言のうちに一つの言葉を形づくり固定化させているかのようだ。しかし、われとわが言葉をつくる物の自律性が描かれているが、重厚な石の言葉が示しているのは、夢という、イメージの中で最もはかないものである。[11]

その夢の中で人間は日常の意識的決定では得られない物や他者からの言葉に浸透されている。巨石＝夢＝文字。重厚な物が形づくる夢の言葉の引力に、人間もひきよせられているのである。フーコーは述べていないが、この二人がみる夢が《無限の感謝》（一九六三年、写真5－10）であろう。カリグラムではない夢の文字は会話している人間をひきよせのみ込んでいるかのようである。

写真5-9　同前《会話の芸術》1950年

写真5-10　同前《無限の感謝》1963年

だとしたら石群は夢という文字＝記号として不動の物ではなくなる。今にも動き出し、その巨大な重厚さで人間にのしかかろうとしているのだ。不動だが動くもののようであるという両義性を《会話の芸術》は肯定する。言葉と化す物はあたかも自らの意志をもち、周囲に働きかけようとする。そのような自律性をもつ可能性が《会話の芸術》では否定されていない。

これに対して《これはパイプではない》では、物の画像ではない文（言葉）が物の自己同一性をひきさく。物の再現＝表象である画像は物そのものとして読みとられるのがふつうなのに、そうではないのだと否定することで像および物の自律性を揺さぶるのである。

《会話の芸術》と《これはパイプではない》は、石でありかつ夢である石／パイプではないパイプ、自律性／自律性の揺さぶりのように二項対立的にとらえられるが、この両極の間で、マグリットの作品は言葉と画像の戯れをくり広げるとフーコーは言う。かくしてマグリットの作品群を相互の関係の中に置いて読み解いていく地平が開かれる。

深さのない空間

その例として次の絵をみてみよう。《地平線を目ざして歩む人》（一九二八年、写真5－11）と《啓示のアルファベット》（一九二九年、写真5－12）は対になるような作品である。前者に描かれた五つのしみのようなものには、fusil（銃）、fauteuil（ひじかけいす）、cheval（馬、地面に置かれている）、nuage（雲、頭上）、horizon（地平線、天と地のはざま）という文字が添えられている。これらのしみは形をなさない物で形態は漠然としている。文字がなければ、誰一人名ざすことはできない。一方、《啓示のアルファベット》の右側には、パイプ、鍵、木の葉、グラスという完全に識別可能な単純な形態がある。しかしそれらは厚みのない紙片の切り抜きでしかないことがわかる。もう一方の側には識別不可能な紐《ひも》のからまりのようなものがみえる。識別可能、不可能いずれにせよ、それらは厚みや重さがないうすっぺらな物である。これらは、《地平線を目ざして歩む人》か

写真5-11　同前《地平線を目ざして歩む人》1928年

写真5-12　同前《啓示のアルファベット》1929年

写真5-14　N.E.マネ《バルコニー》
1868-69年

写真5-13　同前《露台》1950年

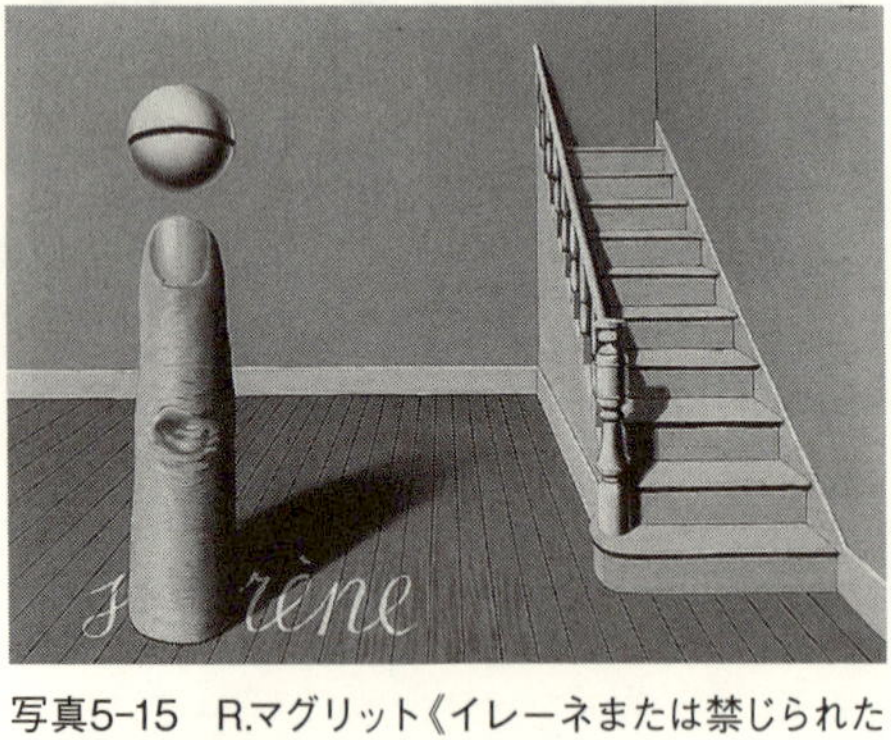

写真5-15　R.マグリット《イレーネまたは禁じられた
文学》1936年

ら消え失せた物なのだとフーコーは言う。(12)《啓示のアルファベット》には銃やひじかけいすが画像として描かれていないではないかと訝《いぶか》る声もあるだろう。フーコーが言いたいのは《地平線を目ざして歩む人》では《言葉の利用》という別題そのままに、アルファベットが物の代わりとなり物を追い出している一方、《啓示のアルファベット》では物がアルファベットを啓示する（代わりとなる）ということなのだ。(13)

対立する二つの絵をセットでみるとき、（一方の絵の）言語記号は、画面から物を失踪させるが、消え失せた当の物は（もう一方の絵で）皮膜さながらの薄さを明らかにしていることがわかる。

マグリットの絵画空間は、このように深さや厚みをもたず、図像と言葉がついた「滑らかな」表面と化す。フーコーはこれを空虚な「非‐場」と呼ぶ。(14)空虚あるいは実体性不在は《露台》（一九五〇年、写真5‐13）で明るみに出されている。もともとの絵画（マネの《バルコニー》一九六八—六九年、写真5‐14）の人物を棺に置き代えることで、衣裳をまとい、生きた肉体と顔をもつ人物が誰一人不在の世界（非‐場）が出現しているのである。非‐場において物の空虚さは、二項対立的に言語記号がもつ物の堅牢さを導く。《会話の芸術》もその例としてあげられるが、サイレン（sirène）という語が書かれている床の一角から、iという文字の代わりに巨大な指が床の下から床を貫いて垂直にそびえている《イレーネまたは禁じられた文学》（一九三六年、写真5‐15）もその例だろう。しかし《会話の芸術》ほど物の自律性は肯定されてはいない。

文字を横断し、文字を模倣しかつ隠蔽している人指し指は、（鈴が・iという文字の点の代わりをしている）語の指示機能を象っているともいえるが、言葉と物はただ一つの形象を構成してはいない。言葉（文字記号）は水平に、物（指と鈴）は垂直に配置されており、しかも指は（どこにもない）サイレンではなく鈴を指示しているのだ。

図像と言葉はここでも、統一あるまとまった空間を築き上げていないのだ。

「オリジナル」の消失

空虚、深さのない非‐場と化すマグリットの空間は、最後に、フーコーに類似と相似という対立を導入させる。

誰が見てもパイプにみえるのが明白なパイプの画像。しかしその画像のかたわらにあり、その画像に対して「これはパイプである」と肯定＝断言しない文字記号の像。類似（ルサンブランス、resemblance）と肯定＝断言の絆をマグリットは断ち切ろうとするとフーコーは言う。一切の肯定＝断言を取り除かれ身軽になろうとする「似ているもの」はもはや「類似」ではなく「相似」であり、「マグリットは類似《ルサンブランス》から相似《シミリチユード》を切り離した上で、後者を前者に対立させているように思われる(15)」。

では類似と相似はどう違うか。

類似には一個のパトロン（母型）、つまりオリジナルという要素があり、それをもとにしてコピーがつくられる。オリジナルはコピーを自己から発して順序づけ、序列化する。「類似しているということは、処方し分類する原初の照合基準《レフェランス》を前提するのである(16)」。

これに対して相似（シミリチュード）では、「相似したものは、始まりも終りもなくどちら向きにも踏破し得るような系列、いかなる序列にも従わず、僅かな差異から僅かな差異へと拡がってゆく系列をなして展開される(17)」。

つまり、「類似はそれに君臨する再現《ルプレザンタシオン》＝表象に役立ち、相似はそれを貫いて走る反復に役立つ。類似はそれが連れ戻し再認させることを任とする原型《モデル》に照らして秩序づけられ、相似は相似したものから相似したものへの無際限かつ可逆的な関係として模像《シミュラクル》を循環させる(18)」。

写真5-16　同前《再現》1962年

例としてフーコーは《再　現《ルプレザンタシオン》》（一九六二年、写真5-16）をとりあげる。サッカーの情景が、絵の左下に壁と欄干で仕切られたスペースに縮小して再現されている。

しかしそれはつまり、類似なのかとフーコーは問う。何らかのモデルへの参照、言及は再現の系列が左手に展開されているということなのか。

しかし、よくみると、雲の形と配列、山の稜線などに微妙な違いがあり、小さな画像は大きな画像のコピーではないことがわかる。だとしたら大きな画像は、何らかの原型であると言えるだろうか。二つの画像はむしろ相似の関係で結ばれているのだ。この二つの画像があれば、そのとき外部にあるオリジナルと類似していることを根拠にして展開される言説はたちまちおびやかされることになる。

絵画のモデルが至高のオリジナルであり、それは正確に再現＝表象されなくてはならないという、オリジナルになるものの君主制（序列）を廃絶するのだ。

類似に対する相似の優位

このことは、《デカルコマニー》（一九六六年、写真5－17）でさらに顕著になる。この《デカルコマニー》のおかげで、類似に対する相似の優位が理解できるとフーコーは言う。

カーテンは男の形そのままにくり抜かれている。そこから海と砂漠がみえる。これをどう理解するべきか。男はカーテンから今彼がさえぎっている風景の上に身をずらしたかに見える。しかし、くり抜かれた穴からみえる風景はどうやらそのままの風景ではなく、男のシルエットに沿って左から右へ移し変えられたようだ。

しかしそうではない。くり抜かれた部分のカーテンの描き方から実は、左から右へと海辺の風景が移動していることがわかる。だからカーテンをくり抜いたときみえているこの風景はもともとそこにあった風景の再現ではなくよく似た（相似した）風景の一部（男の背中が隠していたもの）が移動して置き代わったものなのである。「右にあるものは左にあり、左にあるものは右にある。ここでは隠されているものがあちらでは目に見える」[19]。類似が見分けさせるのは目にみえるものだが、相似は、見慣れたシルエットが隠し、みるのを妨げ、目にみえなくしている物を、みえるようにする。この絵画空間から類似は追い出されるのである。

類似に対する相似の優位あるいは相似による類似の揺さぶり（締め出し）。例えば《誇大妄想狂》（一九六二年、写真5-18）をみてみよう。女の胴体が三つの部分に分かれている。それらは上から下に行くにつれ規則的に大きさを増していく。

写真5-17　同前《デカルコマニー》1966年

写真5-18　同前《誇大妄想狂》1962年

切断部はそれぞれ互いに比例関係を保っており、これらは相似の関係にあるとみなすことができる。そのことが、類似とそれにもとづく同一性に揺さぶりをかける。あるオリジナルの部分が上から下に行くにつれ拡大コピーされている。つまりそこにあるのは類似であるかにみえる。しかし、みえない一つのオリジナルの存在を否定するのは、頭部の欠如である。頭部という原初の照合基準の核を欠いているため、三つの部分が完璧な比例関係（類似）にあるとは言えなくなる。そこにあるものは互いに比例的関係にみえながら、それらは一つにならない。それらは互いに似かよってはいるが決して一方がほかのコピーとなりえない三つの胴体部分なのである。

表象＝再現からの解放

相似は、表象＝再現から手を切る。類似が君臨する表象＝再現から解き放たれた描き方は、《人間の条件》（前出、写真5－6）や《囚われの美女》（一九六六年）にみられる。

そこでは、絵（絵の中のカンヴァス）とそれが表象すべきものが混ぜ合わされている。絵（カンヴァス）とモデルの間にはふつう隔たりやずれ、つまり差異がある。森とその絵が描かれるカンヴァスでは森の梢（の高さ）にずれがみられるはずだ。そのために絵が何かの絵（表象）であることが肯定＝断言される。しかし、《人間の条件》では、絵とモデルがあたかも同一平面上にあるかのような連続性がみられる。森の梢はそのままカンヴァスの外へと切れ目なくつながっている。絵からモデルへ（あるいはその逆に）森がそのままあふれ出している。このように絵とモデルが混ぜ合わされているのであれば、絵が何かの表象＝再現であると肯定＝断言はできなくなるのである。絵はその外部にモデルをもたず、しいて言えば、絵はそれ自身のモデルであることが肯定＝断言されているということになるだろう。

表象とその外部あるいは深層といったものはここでは否定される。森も空も雲もカンヴァスの中の画像とそのまま連続している。深さはなく、あるのはただ滑らかな表面なのである。

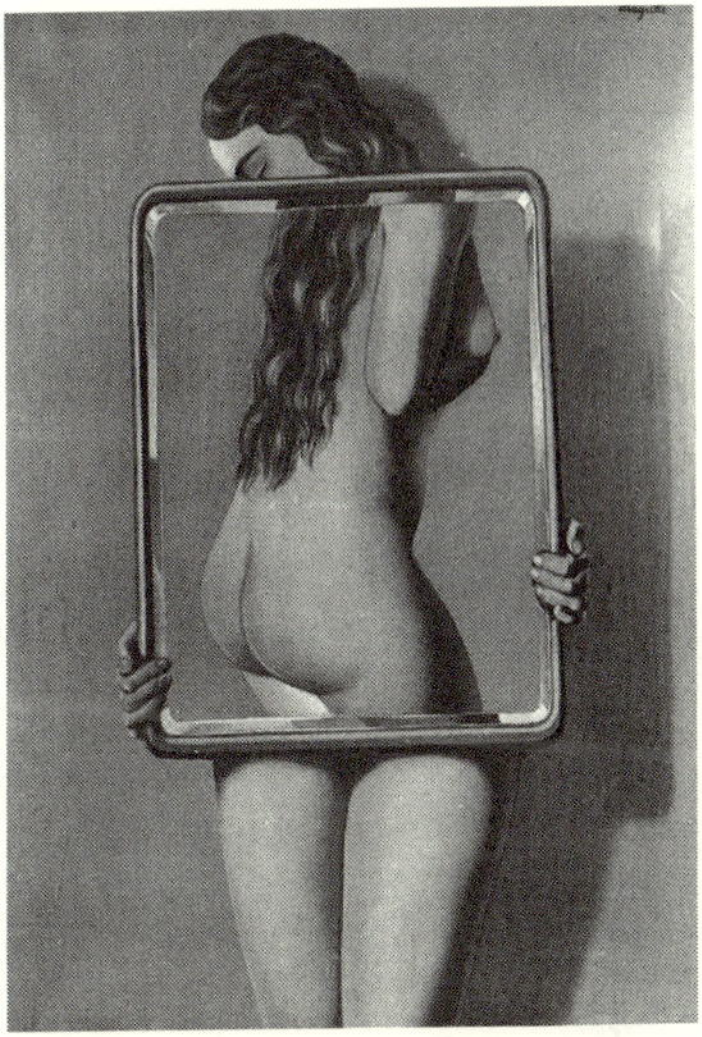
写真5-19　同前《危険な関係》1936年

それを見事に描いたのが《危険な関係》（一九三六年、写真5－19）である。

一人の裸婦が自分の前に大きな鏡をもっていて、その裸体は鏡によって隠されている。しかし、鏡には隠れている女の像が映し出されている。レントゲンのスクリーンのようだが、しかし鏡が映し出しているのは女の体の前側ではなく後側であり、体の向きも左側ではなく右側を向き、身をややかがめている。

鏡がそれがさえぎる奥を透視してその表面に像を浮かびあがらせているようなのであるが、像は、そのままの透視像ではなく前後左右が反転し、像も女自身に比べると小さい。

鏡の像は女に「類似」していない。

また見落とすことができないのは壁に映っ

た女の影である。この影には鏡をつかんでいるはずの女の左手がない。本来なら絵の右端にみえていなければならないはずだろうに、「それが欠落していて、まるでこの影に関しては鏡は誰にも支えられていないかのようだ。壁と鏡とのはざまで、隠された躰が省略されてしまっている」[20]。

壁と鏡の間に女の身体はあるのだが、ないとしか言えない状況。影も女に「類似」していない。鏡の像も影も女に「相似」しているだけだ。「相似」が壁と鏡の間の距離（ボリュームある空間）を消し、あるのは奥行のない表面だけの世界である。この世界に秩序ある意味を与える参照軸（レフェランス）は見いだせないのである。

このようにマグリットの絵画では「相似」が複数の画面にあふれ出し、「深さ」のない世界が増殖する。「純化された相似の終りなき戯れ」[21]――それはさまざまな変身を導入する。鳥が植物と化す、あるいは植物の葉が鳥になってとび立つ。波が船になり船が波になる。しかし増殖するのは画像だけではない。画像として書かれた言説も増殖し、反響し合うのである。

「これはパイプではない」再び

ここで再び「これはパイプではない」に戻ろう。《二つの謎》（前出、写真5－2）で「これはパイプではない」を語っているのは誰なのかを考えてみると、そこには七つの互いに相似した「これはパイプではない」があるとフーコーは言う。

まず①カンヴァスの中のパイプそのもの、②カンヴァスの上のパイプ、③カンヴァスの中の言表そのものが、それぞれ自らはパイプという物ではありえないと語る。①も②も互いの相似であり、③という文字に似ているのはそれ自らだけである。

さらに④文と下方のパイプがタブローの枠によってかこまれていることで結びつき、上方のパイプを告発し、パイプだという権利を認めない。なぜなら、基準となるものやつなぎとめるものがなく、それはふいに出現した雲にも相似した幻のようなものだからだ。一方、⑤上方のパイプと下方のパイプは、その相互の相似によって言表にパイプだという権利を認めない。言表をなす文字記号には類似するものがないからだ。⑥そして上方のパイプと文は、一方が物そのものの出現のようにみえることと文が真実を言うことのできる言説にみえることで結びつき、絵のパイプはパイプではないと言う。⑦そして最後にタブローの絵あるいはこの絵そのものがこの言表で語っていると仮定することも必要だとフーコーは言う。「こうしたものはどれもパイプではなく、文を模倣する文〔③〕、パイプの画《デッサン》を模倣するパイプの画〔②〕、パイプ（それ自体は画《デッサン》ではないようなパイプに似せて描かれた）の模像であるところのパイプ〔①〕（画《デッサン》ではないものとして描かれた《デシネ》）」[22]だというわけだ。つまり、パイプに「相似」するものはあっても「類似」するものはないのだ。

ここでこの章の冒頭にまとめた、フーコーの論文「これはパイプではない」の説明に戻れば、こうした要約が不十分であることがあらためてわかる。描かれた像が何かの表象＝再現であるという文法を指摘してはいるが、それが「類似」という原則であり、「類似」を相対化するための概念が「相似」であることが指摘されてはいないからである。

また、マグリットの絵には「相似」があふれ出し増殖していることも、このまとめではわからない。フーコーの解釈や分析はいつもあざやかで才気あふれるものである。しかし彼はごくわずかの例から一気に抽象化してはいない。数多くの歴史資料（それを読み通すのはとても退屈に思える）や、絵画とその細部を詳細に検討することを忘れてはいない。そして何より抽象化を否定しているとも言える。具体から離れ、具体の外部深層にあるそれらの原理や規範にいたろうとする身ぶりである抽象化は、ある意味で「類似」を前提としているからだ。

第六章●権力はいつ変容したか

具体的なことの細部へのフーコーのこだわり、そのこだわりが生み出す濃密で緊張感あふれる文体や議論の仕方を、フーコーを語るときに私たちは忘れてはならないだろう。さもないとフーコーを虚構の存在にしてしまいかねない。(1)この点で重要な指摘をしているのは蓮實《はすみ》重彦《しげひこ》である。

フーコーにとって近代とは何か

「類似」という原則で「作品」に創作者が込めた意図や主題を読み解こうとする思考はしばしば近代的と形容されてきた。そして、フーコーは、近代的なるものを批判する代表的思想家と思われている。

しかし、蓮實はフーコーが生前の著作(講義集成は含まない)で、一貫して「近代(的)」という語彙の使用に居心地の悪さを覚えていたようにみえると述べている。(2)

古典主義的という語彙の使用には戸惑いがみられず、研究領域を定めたり、自らの試みの妥当性を証明する目的で《古典主義》時代(おおよそ十七、八世紀)としばしば使うのに対して、「近代

〈的〉」は、自らの構想の展望を歪曲させかねない理論的異物であるかのようにフーコーがみなしていると蓮實は言うのだ。「近代」という言葉は、例えば『言葉と物』では使用されているものの、暫定的な形か否定的な形でしか用いられていない。「フーコーの使う『近代』的または『近代』という言葉は、ほとんどの場合、否定形の述語をもつ文節に組み込まれるものとして特徴づけられている(3)」。

この躊躇は、一つには、客観的な科学性の概念に結びつけられるという「近代」のイメージを否定するためであるが、それ以上に、いわゆる近代という時代に含まれる十九世紀初めに、人文諸科学において〈人間〉の出現によって始まったエピステーメーの領域をどう呼んでよいか、フーコーは知らないからである。エピステーメーとは、ある時代における、さまざまな学問の成立を可能にするその時代特有の知のあり方のことを言う。

『言葉と物』において、「《人間》こそ、知という造物主がわずか二百年たらずまえ、みずからの手でこしらえあげた、まったく最近の被造物にすぎない」とフーコーは宣言する(4)。もちろん人間という存在や観念がなかったわけではない。しかし古典主義時代までの学問あるいは知は人間について語る場合、人種問題のように人間を種や属のように扱うか、あるいは必要、欲望、記憶、想像力のような概念を利用したのである。

人間を論ずることも、人間を固有の境界をもつ孤立した領域として認識することもなかったのである。そうした認識の対象となる〈人間〉は、古典主義時代のエピステーメーには実在しなかったのである。一方、十九世紀初めに登場する〈人間〉を近代的人間と呼ぶことは、フーコーにとって同語反復でしかない。

エピステーメーの転換

では〈人間〉およびそれが登場する時代を何と名づけどのように有効に分析するか。この点についてフーコーは自ら無力だと告白すると蓮實は言う。[5]

この無力さは、十九世紀の初頭からわれわれの知の諸条件が根源的には変わっておらず、十九世紀と二十世紀は一つの同じエピステーメーをなすとフーコーが考えていたからである。[6] 特定の科学の領域におけるさまざまな変化にもかかわらず社会の日常では何も変わっていない。そのため〈人間〉が出現した十九世紀初め以降を考察の対象としてとりあげようとしても、われわれは〈人間〉の出現というエピステーメー転換の余波の中にまだ生きているのであれば、対象から距離をとって一瞥して判断（分析・評価）するという姿勢はとりにくいのである。

そのためフーコーの著作は、十九世紀の断片的な像しか与えず、それはときに混乱した印象を与えるが、しかしこの混乱からフーコーは十九世紀に対して、距離をとってまなざすのではなく、もつれを解きほぐすような作業を行うことになるのである。「われわれにとってまだ同時代で」あり、「われわれのまだ脱出していない時代」にとどまりながら、「われわれの時代をとりまく時間の縁」をフーコーは示そうとする。そのために、「われわれに近いと同時に、われわれの現実と異なる」

「特権的な」区域である「古典主義時代」をフーコーは描こうとしているのである。われわれがそうでなくなったものをまなざす一方、フーコーの身体はまだそうであるところに触れようとしている。それがフーコーの「倫理」なのであれば、古典主義時代（十七、八世紀）と十九世紀をあたかも一続きの時代と無分別に呼んではならないと、蓮實は警告しているのである。

理性やテクノロジーとだけではなく、国民国家や植民地政策などと結びつけて「近代」は論じられてきた。そして「伝統」とみなされているものが近代の発明であることも論じられてきた。しかし、そのことが一方で、すべてが近代の産物であるかのように安易な語りを生産してきたことも事実だ。この点にも私たちは慎重であらねばならない。

相似があふれ出し増殖する平面はもちろんのこと、相似が揺さぶりをかける類似も「それは近代ではない」。そしてこのあと取りあげることになる不可視のまなざす権力も「それは近代ではない」。

なぜ相似へ着目したのか

類似と相似を対比させたフーコーは、前者を批判的にとらえ、後者の可能性を賞揚しているようにみえる。そのような印象は間違っていないが、単純でもある。「これはパイプではない」の初出論文に対してマグリットは、類似と相似の二つの言葉がほとんど違いをつけられていないと思うと述べ、「類似しているということは思考だけの持前」であり、「物」は「お互いのあいだに類似を持

たず、相似を持つか持たぬかのどちらか」だと書いている。(7)

それを承《う》けてフーコーは本としての『これはパイプではない』(一九七三年)において次のように述べる。相似によって絵画から追い出された類似は、物そのものからは離れながらも思考の中で、抽象的な原則となり、物とその表象の関係を規定する。こうした類似にもとづく思考と、実際には相似の関係にある物とが交わる地点にあるのが絵画なのである。(8) だとしたら類似をいっさい排除して相似を一つの原則として絵画を制作しそして観ることは困難なことになる。相似の原則化とは新たな序列の導入、つまり抽象化と外部への参照による相似の類似化にほかならなくなるからである。

相似は類似化を完全にまぬがれることがないとフーコーは言っているわけだが、であるならば、類似に対する相似への着目は何を意図したものか。宮川淳《みやかわあつし》(一九三三―七七)の「引用」の試みについて豊崎光一が宮川の追悼で述べた言葉はそのままフーコーの試みとして読むことができる。

〔宮川の言う引用とは〕水源と支流、樹と幹とその枝葉という序列そのものを廃棄するものであった。序列の廃棄であってその逆転ではない。〔中略〕序列の逆転よりもはるかに徹底して不敬、破壊的、危険なものである。(9)

「類似」から逃れられないながらも「類似」を当然視せず相対化し抵抗するのが「相似」だが、

「相似」を「類似」化しないための戦略が、肯定の断言ではなく、「これはパイプではない」（Ceci n'est pas une pipe）のように「○○ではない」と消極的に発言することではないだろうか。「これはパイプではない」という一つの言表が幾通りにも増殖して響き合ったように、フーコーの文体は実にひんぱんに「○○ではない」をくり返す。

一九六九年の『知の考古学』第Ⅲ部「言表とアルシーヴ」のⅠ「言表を定義すること」で、フーコーは彼にとっての重要な概念である言表《エノンセ》を定義するための最初の基礎づけを試みているのだが、豊崎光一の言葉を借りれば、ここにおいて「フーコーはまず、一種のないないづくしから出発」しているのだ。(10) 以下はその「ないないづくし」の例の一部である。

> したがって、言表を個別化しようとする際、文法、論理学、「言語分析」から借用したモデルのうち、全面的に認めることのできるものは一つもない。
>
> 言語体系と言表とは同じレヴェルで存在しているのではないということ。言語体系がある、と言うのと同じやり方で、言表がある、と言うことはできないのだ。
>
> 言表は、文、命題、言語行為と同じ種類の単位ではない。したがって言表は、それらと同じ基準に従うものではない。しかしそれは、自らの境界と独立性を備えた物質的対象がそうであり

うるような単位でもない。

きわめて難解だが、つまりは、「言表、それは、したがって、一つの構造ではない」[11]。これは、どういうことだろうか。

決定せず宙吊りにしておく

『狂気の歴史』（一九六一年、新版は一九七二年）『臨床医学の誕生』（一九六三年）『言葉と物』（一九六六年）までのフーコーの言語は、発掘と深層の隠喩に満ちていた[12]。

豊崎は、発掘が連想させる深層や無意識を「構造」の特徴と考えていたようだ。

そしてフーコーの言う一時代の「エピステーメー」とは決して構造的ではなく「当の時代が自己を意識し問題化した痕跡であり、それは本質的に〔文献などの〕表面に記された、本質的に可視的なもの」で、それに対するフーコーのまなざしは「表面にありながら誰も見ようとしなかったこと」に向けられていたのだから、フーコーは構造主義者ではなかったのだと言いたいのだろう[13]。構造が深層的かはともかく、フーコーが表面にこだわる人であることは『これはパイプではない』からも明らかである。

しかしこの「〇〇ではない」や先ほどの豊崎による宮川の追悼文中の「廃棄」を、否定＝拒絶や排除ととらえるべきではないだろう。言表とは何ではないかを慎重に周到に探っていきながら、フーコーは、一つの単位やさまざまな諸要素の間の関係の集合として無数の具体的モデルを許可するという意味での構造ではなく、言表とは機能であるという定義にたどり着く。しかし機能についても次の章で再び「〇〇ではない」的な発言が続くのだから、フーコーのこのような語り方あるいは身振りは蓮實重彦が言うように「未決定の状態にとどめること」と「遠ざかること」にほかならないと言うべきだろう。(14)

マグリットは《危険な関係》(前出、写真5-19)において、壁と鏡の間に厚さがあるという断言を未決定にし遠ざけた。これと同様に、「ないないづくし」は、「類似」の序列化とオリジナルな権威をただちに受け入れるのではなく宙吊りにし、そしてなしくずしにしておく戦略(戦術)なのである。しかしこの技法のためには、「類似」を優先してみるまなざしの技法が十八世紀以降の西洋においてどのような広がりをみせていたか、またそれが西洋を今でも規定しているものであるかどうかを、フーコーはまず探究しようとする。

画期的な監視技法

フーコーの仕事において「まなざし」は、『臨床医学の誕生』の頃より重要な概念であるが、『監獄の誕生』(一九七五年)では、まなざしと権力そして主体の形成の関係を考察するという新たな展開をみせ、現代思想に大きな影響を与えた。

『監獄の誕生』で一躍有名になったのは、十八、九世紀イギリスの功利主義の思想家ジェレミー・

ベンサム（一七四八―一八三二）による『一望監視装置』という書物である。フーコーがとりあげるまで忘れられていたこの本の中でベンサムは、監獄における囚人の効率的な監視とそのための監獄の設計・配置を論じている。

フーコーは、ベンサムが監獄だけでなく、学校や病院においても適用可能な、監視の諸問題を解決するための権力の技法を見いだしたと述べている。[15]ベンサムの考案した監獄は環状であり、中心が監視のための塔であり、塔には大きな窓がうがたれていて、環の内面に向かって開いている。円周上の建物は独房に分けられ、各々の独房は建物の内側から外側までぶっとおしになっている。独房には窓が二つ。一つは内側に開かれて塔の窓と対向し、もう一つは外側に面して独房のすみまで光を入らせる。そうして中央の塔に監視者を一人置き各独房に狂人なり、病者なり、受刑者なり、労働者なり、生徒なりを一人ずつ閉じ込めるだけでよい。逆光の効果で、独房に閉じ込められたシルエットが光の中に浮きあがるのを塔からとらえることができる。「明るい光と監視者の視線」は囚人を閉じ込めておく土牢の「暗がり以上に捕捉力をもつもの」なのである。[16]

パノプティコンと呼ばれるこの一望監視システムは、多数の人々が密集し、うごめき、騒がしかった幽閉施設の状態を回避できる。「今や各人は、然るべき場所におかれ、独房内に閉じ込められ」[17]独房の側面の壁のために同輩と接触できない。各人は中心部の監視者に正面からみられている。つまり中心部の可視性は押しつけられるが、両側面にいる同輩の様子をみることはできない。側面の不可視である。これにより、「群衆が解消されて、そのかわりに、区分された個々人の集まり」という効果が生じる。[18]

中央の塔の監視室の人の動きや、そこに人がいるかどうかを、独房の側からはみえないような設計をベンサムは考案した。だから実際に塔に監視者がいなくてもよいのである。いつも中心部の可視性を押しつけられているという自覚を、閉じ込められている者にうえつければよいのである。被拘留者は自分が現実に凝視されているかどうかは決して知りえないが、自分が常に凝視されている見込みがあることを確実に承知するように、パノプティコンは考案されている。つまりそれはみる＝みられるという一対の事実を切り離す機械仕掛であり、円周上で人は完全にみられるが、決してみることができず、一方中央から人はいっさいをみるが、決してみられることはないのである。

パノプティコンは、人を閉じ込め監視する「権力を自動的なものにし、権力を没個人化する」。「その権力の本源は、或る人格のなかには存せず、身体・表面・光・視線などの慎重な配置のなかに」存するのである。[19]

一方隔離され拘留された者は監視のまなざしを内面化する。彼は監視されていることを自覚し、監視する側が求める規律と訓練・懲罰を受け入れ自省を試みるようになる。みられることで自己を意識し自己に向き合うことが可能になるのである。不可視の権力にまなざされることで、個人が生成するのである。

権力がすみずみに行きわたる

一望監視装置はベンサムより以前に類似のものが試みられており、孤立させて見張る最初のモデルの一つは、一七五一年にパリの士官学校の寝室で実現されていた。[20] しかしこの言葉を命名したのはベンサムであり、「一望監視装置」によってベンサムは十八世紀末以降の権力のあり方を示したのである。それは監獄・病院だけにとどまらず、十九世紀以降の人間の日常生活と権力の諸関係を規定する一般化可能なモデルと考えることができるのである。[21]

不可視の権力のまなざしは生活のすみずみにまでおよび、張りめぐらされている。人をまなざすが、まなざされることのない権力のまなざしは個人の身体、動作、日常的な行為にまで行きわたるのである。権力を行使する者もこのまなざしから逃れることはできず、つかまえられてしまう。だとすると、ここでいう権力はもはやそれを所有しているような個人、王のように生まれによってそれを行使する個人と実質的に同一視されることはなく、誰もその正式保持者になれない機械仕掛のようなものなのである。それが権力を「自動的なもの」にするということの意味である。

この機械仕掛では、誰かがその外にいたり、誰か一人だけで機械の管理・維持に責任をもつということはない。そうなるなら、権力は一人の人間と同一化し、王制に戻ってしまう。そうではなく、誰もが誰かをまなざすことができるだけでなく、誰もがほかの者たちからまなざされる存在になるということである。

中央の監視塔で監視者はその身体を人目にさらすことがない以上、誰でもそこに立つことは可能であり、監視や統治のための特別な努力や才能は必要ないのである。[22] 監視者になるにはまなざす

「瞳」があればそれでよい。と同時に人を監視者として永久的にその位置にとどまらせる必然性もない。

しかし、誰かをまなざしていると思っている者も複数の誰かによって（気づかれないうちに）まなざされているのである。この、みる＝みられるの関係は日常生活のあらゆる場面に張りめぐらされている。これを行政組織が街頭に設置する監視カメラと同じと考えてはならない。「立法、あるいは憲法にかかわるものとしてだけ、あるいは国家または国家装置にかかわるものとしてだけ、権力の問題を措定するのは、問題を貧しくすることに」なる。「権力なるものは、法の総体、あるいは国家装置よりは、はるかに複雑で、はるかに濃密かつ拡散したもの」なのである。(23)

権力とはみる＝みられるの関係であり、生活の微細な領分にまで張りめぐらされている「機械」なのである。十九世紀以降の人間はそこから自由ではない。その外部に立つことができないようなものとしてフーコーは権力を考えているのである。

ではこうした視点を、具体的にはどのように考えればよいのだろうか。それは二十一世紀の今日でも有効なのか。フーコーの分析した十九世紀からやや離れて考えてみよう。

第二部

権力と主体の解剖

第七章●代理から代替へ

なぜ代理母か

最近、就活や婚活と並んで妊活《にんかつ》なる言葉を耳にする。働く女性にとって出産・育児が困難な今の日本社会では女性の晩婚化や出産の高齢化がみられる。しかし高齢になると妊娠しにくくなる。それを不安に思う女性たちの取り組みが妊活であるが、その一つが卵子凍結である。若いうちに、ときには未婚でも、卵子を採取し凍結保存して、将来の妊娠に備えようというものである。がん治療などの医学的理由がなくても、希望する若い未婚女性に卵子凍結を認めるべきか。日本生殖医学会は容認するが、四十歳以上の女性については推奨しないという見解を発表している。生殖医療技術をどこまでどのように認めるかは、卵子凍結以外にもこれまで議論されてきたが、とりわけ物議を醸し続けてきたのが代理母である。

凍結卵子を解凍して体外受精しても妊娠できる可能性は低い。またがんなどの病気で子宮を摘出した場合、代理母に頼る以外、自分の血を分けた子どもが生まれる可能性はない。しかし代理母を禁止するか容認するかは日本ではまだ決着がついていない。

以下では問題としての代理母を、フーコーの権力の議論とつなげて考えてみる。

ふつう代理母とは、赤ん坊を出産後、養育を希望するカップルに引き渡すことを約束して、妊娠・出産する女性をいう。代理母はＡＩサロゲート（人工授精型代理母、Artificial Insemination Surrogate）とＩＶＦサロゲート（体外受精型代理母、In Vitro Fertilization Surrogate）に分けることができる。ＡＩサロゲートは、依頼者夫婦の夫の精子を人工授精で代理母になる女性の生殖器内に注入する。代理母はこのとき卵子を提供するとともに子宮を貸与し妊娠・出産を引き受けることになる。そして生まれてきた子の遺伝子上の母は、代理母になる。

一方ＩＶＦサロゲートでは、依頼者夫婦の精子と卵子を体外受精させてできた受精卵を代理母の子宮に移植し、子を妊娠・出産させる。こちらでは生まれてきた子の遺伝子上の母は依頼人女性になり、代理母は子宮のみの貸与となる。

代理母あるいは代理出産はしばしば物議を醸す社会問題となっている。では何が問題なのだろうか。まず代理という言葉を考えることから始めてみよう。何気なく使っている言葉も、細かく検討してみると、断定的に語るのがいかに難しいか、しかしそれがどのように現代思想のより大きな主題に展開していくかを明らかにしていこう。

いつ「母」になるか

代理母は英語で surrogate mother といい、surrogate が代理を意味するが、英語辞典によれば、

surrogateは「特定の役割や職についている他人に代わってそれを務める人（especially a person deputizing for another in a specific role or office）」とある(1)。deputizeとは一時的にほかの誰かのために行為したり話をしたりすることである。だが、単に誰かほかの人のために何かをするというより、本来その職務や任務を遂行する人がいるのだが、何らかの事情でそれが果たせないときその代わりを務めるという含みがそこにはある。つまりsurrogateとは、その日本語訳である「代理」を説明する『広辞苑』の定義「本人に代わって事を処理すること」にあるように、本来の役職あるいは本人と対になる概念である。したがって、ほかの女性のために子どもを生む女性（a woman who bears a child on behalf of another woman）のことである「代理母（surrogate mother）」も、彼女が代わりをする「ほかの女性（another woman）」と対になっているが、surrogateの意味を汲み取るなら、この「ほかの女性」とは、本来母になるべき人、本来子どもを生むべき人だと言えよう。

では代理母と対になるこの「母」とはどのような女性だろうか。子どもが欲しいと切望しているけれど、卵巣・卵管・子宮などに障害を抱えているため、自分では出産できない。この障害には、がんのため卵巣や子宮を摘出したり、先天的に子宮がない場合も含まれる。しかしどうしても子どもが欲しい。その子どもとは、とりわけ彼女の夫の遺伝子もしくは夫と彼女の遺伝子を引き継ぐ子どもであるだろう。そこで「代わりに」出産してもよいという女性を探し契約する。この代理出産で生まれた子どもを養育することで、彼女はその子の「本当の母」あるいは「唯一の母」になろうとする。代理母と対になる「母」はこのような女性だと想定できよう。

しかし、この想定を受け入れさせるために、レトリックの詐術と言うべきものが存在する。すでに述べたことのくり返しにもなるが、代理出産契約の段階で、また現実に出産するまでは、代理母は、妊娠中の女性であって、母ではない。母 mother とは、「自分が生んだ子どもに対する当の女性(a woman in relation to a child or children to whom she has given birth)」だからである。代理妊娠・出産を引き受ける女性が、「母」になるのは、まさに生んだ瞬間からであるが、いわゆる代理母は、生んだらすみやかに子どもを手放そうとすることに同意しているのだから、彼女が「母」である期間は短いかほとんどない。しかし代理母が代理「母」と呼ばれるのは、生んだ直後からではなく、むしろ分娩《ぶんべん》する前から、さらには、妊娠する前からである。いずれは生むであろう、いずれは母になるであろうという未来を先取りして、彼女は代理「母」と呼ばれる。この未来先取り的レトリックが、依頼人女性を「本来の母」に仕立て上げるのにひそかに寄与しているとは言えないか。たとえそれが心の底からの願いでも、妊娠・出産を望むだけでは、誰も母とは呼ばれない。しかし代理出産契約を結ぶことで、そして契約の相手が未来先取り的に代理「母」と呼ばれることで、依頼者も先取り的に本来の「母」になるのである。

しかしこのような依頼人女性を、surrogate mother が deputize する「本来の母」あるいは「本当の母」と呼べるだろうか。

この依頼人女性は、妊娠・出産していない。子どもを養育するが、その子を生んでいない女性は、一般的には「育ての母（foster mother）」と言われ、「生みの母」あるいは「実の母（natural mother）」とはみなされない。むしろ代理母の方が出産しているのだから、またとりわけＡＩサロゲート（子宮貸与のみならず卵子も提供する代理母）の場合、出産だけでなく遺伝子的にも子どもとの間に絆があるのだから、代理母が実の母であると言うこともできる。すぐあとで述べるように実際、法律で、妊娠・出産した女性を母と定めている国もある。(2)

一方代理母と出産契約を結び、子どもを切望する女性つまり依頼人の女性は、生みの母、つまり妊娠・出産した女性（法律上の母）が生んだ子どもを、彼女に代わって育てるのだから、依頼人の女性こそ代理母だと言うこともできる。しかしそのように了解されるのではなく、依頼人＝本来の母（あるいは本来母になる予定の人）／妊娠・出産した女性＝代理母という対比がなりたつのはどうしてなのか。本来（本当）と代理の意味は、代理出産においては、どのように規定されるのだろうか。

あらかじめ定まっていない母

「代理」はまずオリジナルが存在して初めて「代理」となりうる。オリジナルがいるからこそ、代理が可能になり、オリジナルのないところに代理はそもそも存在しないと常識的には考えられている。代理の存在意義は、オリジナルつまり本物あってこそである。しかし代理出産の場合、ある女性が代理になるのを志願したり代理出産契約を結ぶことによって初めて、「本当の母」が誰なのかが明確に規定されてくるのである。本当の母あるいはむしろ「代理」のような形容詞句のつかない「無徴《むちょう》」の母とは、始めに子どもを欲しがり代理出産契約の依頼者になった女性、子どもが生まれたら、その子をひきとり養育する「育ての母」のことであると、ほかならぬその代理出産契約において初めて定まるのである。「本当の母」ないし「無徴の母」の意味内容は、代理母の出現を俟《ま》たねばならないのである。

一方代理母の方も、オリジナルがまずあって代理母になるとは言えないものの、代理出産を依頼するほかの女性が準備した代理出産契約に同意しなければ、彼女は代理になりえないのである。このように、言語学者ソシュールの思想そのままに、代理母と本当の母の価値（意味）とは、実体的にあらかじめ定まっているのではなく、互いの関係の中でネガティヴに規定されていくものなのである。(3)

しかしこの議論には、ＡＩサロゲートの場合にはあてはまるが、ＩＶＦサロゲート（子宮貸与のみの代理母）にはあてはまらないという批判も考えられる。ＩＶＦサロゲートでは、彼女が生む子は、遺伝子的には依頼人の女性の子である。妊娠・出産していなくても、ＤＮＡ鑑定すれば依頼人が子どもの遺伝子上の母であることは間違いない。だから依頼人が「本当の母」なのは明白である。したがって「本当の（natural）」＝「遺伝子上の（genetic）」と実体的に規定できるのであり、ＩＶＦサロゲートは、遺伝子上の母＝本当の母に代わって出産するだけだ、だから文字通りＩＶＦサロゲートは代理でしかないという批判である。

しかし、遺伝子的つながりを、「本当の母」の価値（意味）として規定できるとは限らない。一九九〇年に制定されたイギリスの「ヒトの受精と胚研究に関する法律」（通称ＨＦＥ法、Human Fertilisation and Embryology Acts）では、法的な母とは妊娠・出産した女性であると定められている。同様の例はスカンジナビア諸国などほかにも多く存在する。[4] ＨＦＥ法に相当するような法律がいまだ整備されていない日本でも、同様の考えから、行政・司法的判断を下していることがある。例えばタレント向井亜紀と元プロレスラー高田延彦の夫婦が自分たちの体外受精卵をアメリカ人女性に代理出産してもらい、生まれた男の子の双子を自分たちの子どもとして日本の自治体に届け出たが、受理してもらえず最高裁の判決でも認められなかったという事件があった。[5] 民法で分娩する女性を母とすると定められていたからである。

また遺伝子上の母＝本当の母と考えるのは、彼女がＩＶＦサロゲートの生んだ子をひきとって育てる依頼人だからと想定してのことだが、依頼人＝遺伝子上の母ではない場合もあるのだ。例えば第三者が提供した卵子と依頼人の夫の精子を体外受精させてできた受精卵（胚）を、卵子提供者とは別人のＩＶＦサロゲートの体内に戻す場合である。アメリカでの代理出産によって生まれた双子の出生届を不受理とした自治体に処分取り消しを求めて、関西在住の五十代夫婦が地元の家裁に申し立てていたケースはこれにあたる。

事件①　代理出産で生まれた子どもの出生届不受理

この夫婦は、アメリカ人女性から卵子提供を受け、夫の精子で体外受精させた胚をＩＶＦサロゲートになった別のアメリカ人女性に移植、二〇〇二年十月に双子が生まれた。夫婦は在米日本総領事館に双子の出生届を提出したが、法務省は、過去の最高裁判例を根拠に「分娩した者が母親」と判断し、二〇〇三年十一月に不受理を決定した。二〇〇四年一月に夫婦は在住の自治体に出生届を出したが、〇四年二月に不受理となったので、これを不服とした夫婦は家裁に申し立てを行ったというものである。審判で家裁は「法律上の母子関係は、基準としての客観性・明確性の観点から、分娩した者と子との間に認めるべき」と判断し、請求を却下した。(6)

裁判所の判断はともかく、遺伝子上の母は卵子提供者であり、依頼人夫婦の妻の方ではない。そしてこの卵子提供者は、遺伝子の上でつながりのある双子をひきとって育ててもいない。彼女を本当の母と呼ぶのには抵抗があるだろう。

向井亜紀・高田延彦夫婦の場合のように、遺伝子上の母を本当の母とみなしてもよいと思うとしたら、彼女が生まれた子どもをひきとり養育する母になる場合である。遺伝子上の「母」は、「養育」するのでなければ、まさに卵子提供者にすぎない。また関西在住の夫婦の妻が「母」になれるのは、日本の司法的判断を抜きにして考えれば、卵子提供者とＩＶＦサロゲートがそれぞれ「母」としての可能性を放棄し、あくまで提供者・代理という立場にとどまることを「契約」として受け入れたからである。

このように、ＩＶＦサロゲートにおいても、「母」があらかじめ実体的に規定されているのではないことがわかる。妊娠・分娩する女性や卵子提供者という母候補者が代理（提供者も含む）という立場を引き受けることによって、「本物」の「母」が決まるのだが、しかしその本物も宙に浮いてしまうような場合がある。それが代理母クレア・オースティンの事例である。

事件②　レズビアンカップルの養子になった双子

代理出産サービスを運営しているイギリス人女性クレア・オースティンは、一九九八年にフランスに住むカップルのためにＩＶＦサロゲートになることを決意した。カップルの夫は裕福なイタリア人のビジネスマン、妻もポルトガルの資産家の出身である。

クレアの運営する代理出産サービスがイギリスに住む卵子提供者を見つけた。精子は、依頼人カップルの夫の主張を受け入れて、デンマークの精子バンクで得たアメリカ人男性のものにした。依頼人夫妻はギリシア人の医師に体外受精を依頼、精子バンクから取り寄せられたアメリカ人男性の精子とイギリス人女性の卵子がギリシアのアテネで体外受精され、できた胚がクレアの体内に移された。二週間後彼女は妊娠を確認、七週目にスキャンをして双子だとわかる。二十週になってクレアがロンドンの病院で双子が女の子であるのを確認した。しかし依頼人夫妻が欲しがっていたのは男の子一人だけだったのだ。クレアは中絶するよう求められた。

この時点で妊娠二十一週であり、女の子だからという理由だけで中絶はできないと考えたクレアだが、依頼人の住むフランスでは代理出産は禁止されており、法律上有効な契約を交わしたわけでもなかった。しかも胎児は依頼人夫妻とも彼女自身とも何ら遺伝子的につながりがない。またクレア自身に双子を養育する意思も財力もない。そこで彼女はインターネットで海外の養子斡旋《あっせん》ブローカーに接触を図った。斡旋業者が紹介したのはレズビアンのカップルで、ハリウッドに住むトレイシー・スターンとジュリア・サラザールである。トレイシーは脚本家、ジュリアはインターネット・ビジネスを営んでいた。彼女たちと取り決めを交わしたあとクレアとその家族はロサンゼルスへ行き、双子を出産する。

しかし入院費などをめぐるトラブルからカップルとクレアの関係は悪化し、子どもを手に入れたときからトレイシーはクレアのことなど見向きもしなくなり、クレアを気遣いホテルに訪ねることもなくなった。トレイシーは双子の誕生を祝うパーティーも開いたが、クレアには一言のねぎらいの言葉もなかった。それ以後カリフォルニアを去って帰国するまで彼女たちに会うことも彼女たちから連絡が来ることもなかった。(7)

この場合、いったい誰を「母」と考えればよいのだろうか。

事件③　A－サロゲートの狂言中絶

この事件とは逆に、依頼人には生まれてくる子どもをひきとり育てる意思があるのに、代理母が代理出産契約を翻《ひるがえ》し、生んだ子あるいは妊娠中の子を自分で育てると主張したため、「本当の」母が代理との対の関係によってもはや定まらなくなってしまう場合もある。

一九九七年五月、イギリスの代理母(AIサロゲート)が依頼人夫婦のために身ごもった胎児を中絶したというニュースが、代理母の写真つきで大衆紙の見出しを飾った。代理母は二人の子どもの母である看護師のカレン・ロッシュ夫人で、依頼人はオランダ人のペータース夫妻だった。彼らは、イギリス初の代理母になった女性が斡旋する団体を通して知り合った。オランダでは代理出産が法律で禁止されているため、ペータース夫妻はイギリスに来たのである。イギリスでも金銭の授受を伴う代理出産は禁止されていたが、ボランティアの代理出産で仕事をできなくなる補償として金銭を支払うことは認められていた。ペータース夫妻はロッシュ夫人に一万二千ポンド(当時約二百四十万円)支払うことを約束していた。

ロッシュ夫人は無事妊娠する。しかしペータース夫妻は、ロッシュ夫人が流産しそうになって入院したとき見舞いにきてくれなかったり、生まれてくる子の将来を話し合う場にも現れなかったりで、ロッシュ夫人は彼らに次第に不信の念を募らせ、ついには彼らが生まれてくる子の親にふさわしくないと考え中絶を決意するにいたった、というのが事件の発端である。

しかし二日後、事態は一変する。中絶は嘘だったのである。ロッシュ夫人は妊娠十四週で、胎児は男の子である。ロッシュ夫人は、一度は本当に中絶を決意したのだが、命を摘み取るより生みたいという気持ちをすてきれず、クリニックへ行く途中で引き返した。中絶したと嘘をついたのは、生まれてくる子をペータース夫妻に手渡さないですむ唯一の方法と思ったからだという。しかし、ペータース夫妻の彼女への中傷をもとにした記事が書かれたので、ロッシュ夫人は事実を公表することに決めたらしい。夫人はこの子を生み自分の家族の一員として育てていく決心をし、夫のロッシュ氏も同意した。

一九九七年十月にロッシュ夫人は男児を出産した。一方男の子の遺伝子的父であるペーターズ氏は、親権を求めてイギリスの法廷に訴訟を起こした。しかしHFE法は、妊娠出産した女性のパートナーを子どもの法的父と定めている。この場合、生まれた子どもと遺伝的つながりがなくても、ロッシュ氏が法的父親になる。一方、いかに遺伝子的父親であると本人にも周囲にもわかっていても、ペーターズ氏は子どもの法的父親にはなれないので、裁判に勝ち目はないだろうと当時の新聞は伝えている。(8)

本物に取って代わる

事件③でロッシュ夫人が代理母になったのは、彼女に受胎能力があり、それゆえにペーターズ夫妻と契約を交わしたからである。しかし法律的にも効力を発揮しない契約に違反しても問題にならず、しかも依頼人夫妻はまだ「補償金」を払っておらず、そのため負い目を感じることがなかったのであれば、ロッシュ夫人が自らの意思で約束を反故《ほご》にするのはさほど困難ではなかったに違いない。そして代理出産契約が成立しない以上、「代理」と「本当」という対そのものもそもそもなりたたなくなるのである。残るのは、いかに依頼人夫妻が「悪魔、人間以下、女以下」とののしろうと、妊娠し出産するのはロッシュ夫人だという事実である。しかも彼女は生まれてくる子を自ら育てると自らの意思で決断している。この事実と決意が、通常のコンテクストで誰が母であるかの決め手であり、代理出産が成立しない状況下で「母」になるのはロッシュ夫人なのである。

では「育てる」ということを「母」の定義と考えてみるというのはどうだろうか。②のクレア・オースティン事件の場合も、彼女のおなかの双子を欲しくないと依頼人夫妻が言わず、生まれた双子をひきとって育てていれば、依頼人の妻が「母」になったはずではないだろうか。

しかし、依頼人が「母」になれるのは、受胎能力のある別の女性が代理役を引き受けて生んだ子を手放し、「育てる」意思を放棄した場合に限る。さらにクレア・オースティンのような場合、IVFサロゲートであるクレアに加えて卵子提供者が遺伝子的絆を盾に取って母親だと主張することがないようにしておかなくてはならない。

したがって、代理母が、「代理」という立場を放棄し、自分で生む子は自分で育てる、子どもは手放さないと主張した場合、それが契約違反になるかならないかはさておき、分娩した女性を母と考える法律やそれを常識とみなす社会が多い現状では、代理を拒否した代理母こそが「母」になれるのである。このような場合にみられるのは、代理(surrogate)から代替(substitute)への転換であると、イギリスの社会人類学者マリリン・ストラザーン(一九四一―)は述べている。[9] 代理母は、依頼人が望む母という役割(地位)に取って代わろうとするのである。

代理は契約によって本物候補者(依頼人、以下「本物」)の要求を受け入れ従属する。「本物」は契約の履行を求める力を行使するが、代理は「本物」の力の傘下にとどまり続けるのではなく、自分が本物の座につくことが可能である。それが代替であり、そのときかつての代理は「本物」の力の行使下から離れて、「主体的」に行動することになる。代理と代替は、第五章と第六章でとりあげたフーコーのマグリット論における類似と相似に対応すると言えよう。

代理から代替への転換は、四コマ漫画「アサッテ君」のクローン人間を題材にした回にも読み取ることができる（図7−1）。「ボク」と父親がテーブルで話をしていて、「ボク」は自分のクローン人間がいたらいいだろうなと言う。自分と瓜二つのクローン人間に「宿題をやらせるの」と命令している場面を想像する。これに対して父親が「あまいなあ」「逆もありうる」と指摘する。「ボク」は自分がクローン人間に宿題を「やれ」と命じられる場面を想像して焦るというものである。

クローン人間は自分の体細胞からつくられ、自分よりあとに生まれたから、自分がいわば「親」

図7-1 「アサッテ君」（毎日新聞1997年3月7日）

として優位に立ちクローンに命令できるし、自分と「瓜二つ」（実際にはそうではないが、世間同様、「ボク」もクローンのことを誤解している）であるから自分の代わりが務まる、だから宿題をさせよう——こんなふうに「ボク」は考えたのだろう。この初めの「ボク」の想像の中で、クローン人間は、「ボク」の命令に従う、「ボク」の代理である。しかし「ボク」と全く瓜二つで、その能力や思考に大きな違いはみられないとしたら、「ボク」が考えたことはクローンも考えつき、クローンが「ボク」に取って代わろうとすることもあるのではないかと、思いついたのが父親である。父親の「逆もありうる」という言葉が引き起こした「ボク」の二番目の想像の中で、クローン人間はもはや代理であることをやめ、「ボク」の代替になり「命令者＝支配者」として主体的に行動する。

代理母にせよ、「アサッテ君」のクローン人間にせよ、「本当の母親」とか「本当の僕」とは何かを曖昧にするものであることがここまでの議論から明らかになったのではないだろうか。こうしたはっきりとした定義を宙吊りにしてしまうことが、代理出産やクローン人間が物議を醸す根底にあるものと思われる。(10)

これまで述べてきたことからわかるように、ロッシュ夫人や「アサッテ君」のクローン人間に代替が可能なのは、まず代理役を受け入れるからである。「代理」であるゆえの「代替」であり、代理なき代替はない。つまり、依頼人の要求する契約に「従う」といういわば「臣下」になって初めて、依頼人に取って代わり、その立場を占有しようと「主体的」にふるまうことが可能になるのである。代理は「本物」の命令＝権力に従属するから代理であるが、代理はまさに、その代理の性格（子どもを生める、「親」と同じ能力をもつ）によって、「本物」に代替し、逆に自立的・能動的に行動できるという主体性を獲得する。

この転換の構図は、フーコーの「権力と主体化」論（権力による従属＝主体の成立）を連想させる。「類似」からは逃れられないが、「類似」を相対化しそれに抵抗するのが「相似」であると第六章で述べた。代理と代替が類似と相似に対応するなら、フーコー権力論の連想は決して突飛ではなかろう。

権力が主体を要求する

一九七八年に日本で行った「政治の分析哲学」と題する講演で、フーコーは、「そもそも、個人が〈主観性〉〈自己についての自己の意識〉という形で自己と保つ関係は、実は権力の関係ではないのかと問うてみる必要がある」と述べている。(11)

また同時期フーコーは、仏文学者渡辺守章との対談で、自らが構造主義者と呼ばれることを好んでいなかったが、それでも同じく構造主義者と呼ばれたレヴィ＝ストロース、バルト、ラカンとは、主体の非根底的・非根源的性格という点では意見が一致していたと語っている。自己についての意識をもち、自己の確固たる存在であることを自明視し、自身で思考し行為しうる者が主体であるとすると、デカルトは、主体を、そこからすべてが生まれてくるような根源的な点と規定した。

しかしそこから出発してはならない。主体は、根底的・根源的ではなく、幾つかの作用から形成されている。その作用の方が、初めにある、より根底的かつ根源的なものであり、主体は生成と形成の過程をもち、歴史をもつのだとフーコーは述べている。(12)

つまり主観性（自己についての意識をもつこと、subjectivite）という主体（sujet）の根幹的な作用と主体そのものは、権力という作用によって生成するというのが、フーコーの主張であった。さまざまな箇所で、フーコーは主体のもつ二重の意味と権力作用とのかかわりについて指摘している。例えば、

> この権力形式は、個人を類別する日常生活に直接関わり、個人の個別性を刻印し、アイデンティティを与え、自分にもまた他人からもそれと認められなければならない真理の法を強いる。それは個人を主体に変ずる権力形式である。主体《サブジェクト》という語には二つの意味がある——支配と従属という形で他者に依存していることと、良心や自己認識によって自らのアイデンティティと結びついていることである。どちらの意味も、従属させ、服従させる権力形式につながる。(13)

sujet（英語のsubject）とは、「臣下＝服従した者」であると同時に「主体」なのであり、主体化とは隷属化（ともにassujettissement）なのである。(14) 個人が主体たりうるのは、人に主体たりう

ることをひそかに要求する、ある権力のもとに隷属するときなのである。主体的行動とか主体的判断などの表現が連想させる、他者や社会からあたかも切り離されてそれ自らで存在する個人という通念とは裏腹に、主体とは自立した存在ではないのである。

告白とは何であったか

こうした主体の成立の背景を、フーコーは牧人＝司祭型権力による「告白」に求めている。牧人＝司祭型権力とは、キリスト教に由来する古い権力技法である。その特徴は来世における個人の救済を保証することを究極の目標にしている。このことは、すべての個人には、自らを救う義務があるということを意味する。「救い」は、選択できる（してもしなくてもよい）問題ではなく、不可欠の条件なのである。この「義務づけられた救い」を、人が達成できるようにするのが〈牧人＝司祭〉である。彼は個人の行動のすべてを知り、たえざる監視と管理の力を個人の行動のすべてにおよぼしうる立場にある。

〈牧人＝司祭〉は、自分の責務を果たすために、あたかも羊の群れのような彼の教会の構成員をその内部から掌握していなくてはならない。つまり心の中で、「魂」の中で、個人の最も深層の秘密の部分で生起していることをすべて知っていなければならない。それを可能にするのが、「告白」である。それは、一人一人の信徒が、自分の〈牧人＝司祭〉に、その魂の内部で起きたすべてのことを言う義務があるということを意味する。告白することで、個人は自分の内面と向き合う。自己の弱さ、誘惑、肉体についてたえず覚醒状態にある自己の意識、すなわち「主観性（subjectivité）」がそこに形成される。[15]

このように告白によって、人は内面をもち自身で思考し行為しうる個人すなわち主体たりうるようになったのである。そして告白において語られるのは、個人の自分自身についての（それまで隠されていた）真実あるいは真理であるとみなされ、告白することで個人は、自己の存在を〈牧人＝司祭〉という他人によって保証され、救われることになったのである。告白という真理の産出は、「権力による個人の形成という社会的手続きの核心に登場してきたのである」。[16]

「工業的ブルジョワ社会の発展よりはるかに以前に、キリスト教の宗教的権力は、社会の構成員に働きかけて」、主観性として、つまり「個人が自己について得る意識として、個人というものを形成させていたのである」。[17] 〈牧人＝司祭型権力〉とは、このように〈個人形成的権力〉だったわけである。〈牧人＝司祭〉から告白を強いられる、つまり彼らの権威に臣下＝主体として隷従することになる、その隷従において、人は自己についての意識、自分の内面に自身が向き合うという主体性を形成するのである。

子どもへの欲望も権力の産物

ストラザーンの言う「代理」と「代替」は、フーコーの理論と対応しているようにみえる。しかし「代理」と「代替」は、フーコーの言う主体化＝服従化と全く同一というわけではない。ストラザーンによれば、代理出産においては、服従を求めるのは依頼人（母になろうとする女性）という一者であるが、フーコーの言う権力とは、特定の中心や個人から行使される力に限定されてはいないからである。なるほど〈牧人＝司祭型権力〉では、司祭（牧人）という一者が、信徒（羊）を管理しているかにみえる。だがこの権力作用は、特定の個々の司祭をもはや中心点とせず、はるかに広域におよぶものなのである。パノプティコンでは看守が誰であるかということより、囚人を中央の監視塔のまなざしにさらされる配置にしておくことが重要であったように、告白を要求する形式そのものが重要なのである。権力ということについてフーコーは次のように説明している。

権力が語られるとき、ひとはすぐさま政治的な構造、政府、支配的な社会階級、奴隷にたいする主人などのことを考えてしまいます。私が権力の諸関係について語るとき考えているのは、そういうことではありません。私が言いたいのは、さまざまな人間関係において——それは今していいるような言語的なコミュニケーションであろうと、恋愛関係であろうと、制度的または経済的な関係であろうと——、どのような人間関係においても、権力はつねにそこにある、ということなのです。つまり、一方が他方の行動を指揮しようとするような関係だということです。だからさまざまなレベルで、さまざまな形式において、権力の諸関係を見いだすことができます。(18)

したがって、権力とは、そうした関係性と切り離されて独立したものではない。手に入れることができるような、奪って得られるような、分割されるような何物か、人が保有したり手放したりするような何物かではない。牧人＝司祭に告白することがなくなっても、社会の全域に張りめぐらされたこのような権力のネットワークにからめ取られ、それを受け入れ自らに向き合うことで、人は主体として自立するようになるのである。権力とは実体的な点やそこから発せられる線分ではなく、張りめぐらされた関係の網の目である。(19)

このように権力と主体をとらえるなら、代理から代替へという主体化の動きにおいて、代理母は依頼人の臣民になると考えるだけではなく、依頼人も代理母同様、権力作用の臣民であると考える必要があるだろう。また、男性である医者にもてあそばれる女性患者という批判が一部のフェミニズムにはみられる。そこでの議論が考えがちなように、生殖医療の従事者たちが権力の中心にいるのではなく、彼らも同様に権力作用の臣民なのである。ではその場合の権力とはどのようなものか。

代理母や依頼人だけでなく生殖医療の従事者を含めれば権力の網の目を広げたことになるというものではないのだ。網の目は、根のようにもっと広く深い。最終的には社会の再生産につながる、親になることや家族をつくることを求める社会全体や周囲の圧力がまず権力として考えられなくてはならない。

それだけではない。そのような圧力が実感されていなくても、不妊患者自身が親になりたいと痛切に願うのは「女性としての本能」であると人口に膾炙《かいしゃ》させる形でそのような圧力が内面化されていくこと、さらには「純真無垢で貨幣価値に換算などできない子どもへの欲望」という言説をあおるようなさまざまな方面からの働きかけが、広く張りめぐらされた権力の網の目として考えられるべきだろう。この網の目の中で子どもを切望する不妊女性は、極端なことを言えば、そう切望するだけで、権力作用の「臣民」なのである。しかし切望だけでは母になれないのだから、依頼人として別の女性と代理出産契約をし、金銭を支払う代わりに生まれた子どもを自分に手渡すよう「要求」(命令)することで、「母」になろうと「主体的」に行動するのである。

この「子どもへの欲望」という権力の網の目は、少子高齢化社会の現代日本でも今後さらに強く張りめぐらされていくに違いない(その現れの一例がこの章の冒頭で述べた「妊活」や卵子の凍結保存である)。だとしたら、仮に新たな法律で代理出産が禁止されたとしても、海外へ行ってでも代理母を探そうとする不妊夫婦は、あとを絶つまい。したがって、大切なのは紋切り型の生命倫理を声高に叫ぶことでなく、権力作用をもっと精緻に見きわめることではないだろうか。そして私たちはそこから抜け出すことができるかを考えてみなくてはならない。

抵抗する主体がないという批判

しかしフーコーの説くところに従うなら、権力から抜け出すことなど不可能にみえる。事実、フーコーの主体=従属化理論に対しては、「抵抗する主体」が生み出される余地がないという批判があるー例えば、フーコーと対談したH・ベッカー、R・フォルネ＝ベタンクール、A・ゴメス＝ミュラーらはフーコーに対し、次のように言っている。

あなたの問題系にはひとつの欠落があると思われます。それは権力にたいする抵抗という考え方です。この考え方は、きわめて能動的で、自己と他者に深く気を配り、政治的にも哲学的にも有能な主体を前提しています。[20]

しかしこうした批判は妥当だろうか。フーコー自身は次のように述べている。

主体が自由であるかぎりにおいて、権力の関係がありうるのだということも指摘しておかなければなりません。二人のうちどちらかが他方に完全に掌握されてしまい、彼の物に、つまり彼が無限で際限のない暴力を行使できる対象になってしまったとしたら、権力の諸関係はありません。したがって権力の関係が行使されるためには、双方に少なくともある形の自由がなくてはなりません。権力の関係が完全に均衡を欠いていて、一方が他方にたいしてすべての権力を握っていると本当に言えるようなときでさえ、権力が他方に行使されうるのは、この人がまだ殺し合う可能性を持っているかぎりにおいて、つまり窓から飛び降りたり、相手を殺してしまう可能性が残っているかぎりにおいてなのです。つまり、権力の諸関係においては、かならず抵抗の可能性があります。抵抗の可能性――暴力的な抵抗、逃走や策略による抵抗、状況を逆転させる戦略など――がなかったとしたら、権力の諸関係はまったくありえません。[21]

つまり権力関係の網の目の外部に抵抗する主体が存在するわけではなく、権力が成立するためには、抵抗する主体を必要不可欠な存在として要請しているとさえ言えるのだ。

「しかし権力がいたるところにあるとしたら、自由はないのではないか」などという質問を向けられることがあっても、そう簡単には答えたくはありません。私の答えは「社会的な領野全体をつらぬいて権力の諸関係があるのは、いたるところに自由があるからだ」というものです。[22]

一方の抵抗の主体も、当の抵抗によって権力の網の目が変わるのなら、自らの権力とのかかわりも変更を余儀なくされるだろう。

フーコーの権力論が以上のようなものであるなら、「抵抗する主体」が生み出される余地はないという批判は的外れである。それにもかかわらずなお批判者が「抵抗する主体」を主張するとしたら、彼または彼女は暗黙裡の前提として、「主体」を権力＝悪の外部に想定しているからではないだろうか。

古典古代に向かったフーコー

権力と主体の関係をこのようにとらえながらも、晩年のフーコーは、近代とは異なった主体のあり方を求めて、古代ギリシアやローマの哲学の再検討に着手していた。彼の早すぎる死（一九八四年、五十七歳）が、その成果を完全なものにしなかったが、それでも私たちの手もとには、『主体の解釈学』[23]などの講義録が残されている。これらの講義録からは、「権力と主体化」作用の外部に出ることなど不可能であることを知りつつも、その作用を「脱臼」させる自己（主体）のあり方を構想するフーコーの姿が立ち上がってくる。

古典古代（ギリシア・ローマ時代）は、代理母やクローンの時代とあまりにもかけ離れていると思われそうだが、古典古代からフーコーが読みとろうとするキーワードの一つが（服従＝主体ではない）「友愛」であり、その理念的モデルとして構想されたのが「同性愛」であるなら[24]、古典古代に向き合う晩年のフーコーを丹念に読み解く作業は、現代にこそ不可欠であると言えるのではないか。例えば、人間なら自分の血を分けた子どもをもちたいのは当たり前と思わせる権力関係にからめ取られた中で行われる代理出産や卵子の凍結保存を議論するだけでなく、それとは異なる友愛や配慮による親子関係を構想することはできないのか、検討する余地は残されているはずだ。

第八章●古代における「主体化」

立ち返り＝回心(conversion)とは何か

古代ローマのストア哲学者セネカ（前二七―六八）の『倫理書簡集』には「修養を積み、まずなによりも君自身との一致を心がけたまえ」[1]という言い方が出てくるが、自分が自分自身と一致するとはどういうことなのか。フーコーの「主体の解釈学」という講義は、まさにこの主題を考察したものである。

「自分への一致を心がける」とは、「自己を、自己自身のために配慮する」ことであり、自己への配慮の中に、「自己の自己による目的化」があるとフーコーは言う。[2]この「自己への配慮」「自己の自己による目的化」とは何かを考えるために、ここでは、フーコーのこの講義のうち、ヘレニズム・古代ローマ帝国期の哲学を取り扱った部分に注目したい。

そこでフーコーが詳細に分析しているのが「立ち返り＝回心（conversion）」という主題である。自己への「立ち返り＝回心」とは、自己が到達すべき目標として自己自身を設定しそこに反省的なまなざしを向ける一種の実践（行い）であり、認識というより訓練や鍛錬のことである。ここでは自己がいわば二重化している。それは、まなざす自己とまなざされる自己に分かれ、両者の間に隔たりがあるということにほかならず、この距離に注意を集中させることが立ち返りであるが、フーコーはそのことを「自己へと向かうということ、それは同時に、港に戻り、あるいはまた軍隊が自分を守ってくれる都市や要塞へ帰還するように、自己へ回帰するということです」と述べている。(3)では、自己へ向かうことが自己へ戻ることであるとはどういうことなのか。

内面の葛藤を表現するのに、天使の自分と悪魔の自分が意見を戦わすというアイディアがマンガやアニメなどでよく登場する。それと似ていなくもないが、自己が自己にまなざしを向けるということは、自己が二重化した状態と言える。今、自己自身にまなざしを向け、自己を点検しようとする自己をA、まなざされる自己をBと仮に表すとするなら、Bは、世界のどこかにある、限定され局在化された場所に置かれている存在となる。

立ち返りとは、二重化した自己の間で、Aが世界における事物やBの「実際の大きさや位置」を測ること、つまりこの世界における自分自身をこの世界において見定めることである。この測定は、世界においてある大きさである位置を占めているBから後退するAが、後退に伴ってもちうる自由や力によるものであり、測定において、AはBにまなざしを向けるのだが、それは再び自ら(B)に立ち返ることである。

しかし測定するあるいはまなざしを向けるということで問題になるのは、自己自身(の秘密や内面、隠れた本質)を解読するということではない。そうではなく、自己自身に対して修養という集中を要する訓練（アスケーシス）を課すということ、それを行うことが問題なのである。AはBを自己点検し、自己統治する運動を続ける。この運動が可能なのは、AとBの間に距離が存在することによる。自己とは一枚岩の盤石たるものではなく、AとBの関係としてとらえられる。物事をそれ独自でみるのではなく何かと何かの関係として理解する立場を関係論と呼ぶなら、ここでの自己は関係論的であり、そのうちに差異を孕《はら》んだ運動なのである。この運動においてAはすべての注意をBに向ける。と同時にBはAが定めた規則に一致するよう集中する。フーコーがここで提示している自己とは、「存在」あるいは解読されるべき認識の対象というより、行動様式の総体あるいは動きそのものというべきものである。セネカを例にとって考えてみよう。(4)

セネカの自己点検

セネカは夜、就寝前にその日の行動を振り返り、「どんな欠点を直したか」「どんな部分で向上したか」などを自らに問いかけることを奨励している。しかしセネカは、判事としてその日自らが正しい行いをしたか、過ちを冒さなかったかによって自らに判決を下そうとしているのではない。むしろ行政官吏のように、「仕事が終わったあと、またはその年の業務が終了したあとで、報告書を書き、在庫を調べ、すべてがきちんと処理されているかどうかを調べている」のである。(5)

「心のほうこそ、帳簿合わせのために毎日呼び出す必要がある」(6)とセネカは言っている。セネカの自己点検は、官僚的・事務的な意味が強いのである。確かに、セネカは過ちをとがめてはいる。

しかしセネカにとっての過ちとは、法律や道徳に背いたことにあるのではない。それは、自分が確認して受け入れていた行動の規則と、実際のある状況におけるふるまいとを調和させようとしたのに、うまくいかなかったとか効率的でなかったということなのであり、それを振り返るのが自己点検なのである。その目的は、自己をこれらの過ちから浄化することではなく、むしろ「さまざまな規則と格言を再確認して、将来のふるまいがもっと生き生きしたものになるように、つねに変わらず、効率的なもの」にすることなのである。(7)

自己と真理を一致させる行い

就寝前の自己点検で、「わたしが熟知しているこれらの原則をきちんと適用しただろうか。それとも、ときにはこの原則に従わなかったか、いつも従っていたか」と自問したセネカにとって重要なのは、自己と理性的な原則との関係である。フーコーはこれを自己と真理の関係と言い換えている。ここでいう真理とは、世界または自己についての重大で絶対的な事実、しかし容易に明るみには出て来ず普段は隠されているようなもの、つまり背後とか深層にある「純粋に理論的な」ものなのではない。自己の真理とは自己の「行動の実践的な規則」であり、それは「世界、人間の生、必要、幸福、自由などについての一般的な命題に基礎をおいた」理性にもとづくものである。(8)

例えば就寝前の自己点検で「わたしはこうした理性的な原則になじんだふるまいを今日できただろうか」と自問するとき、自己は自己が信じている規則（真理）を体現できたか、行為の遂行において自己は真理と一致したか、真理そのものになったかが問題になる。問われているのは、自己と真理との関係なのである。

そして、自己が真理と一体化しようとする試みが、『主体の解釈学』でいう「主体化」である。自己が信じる真理(理性的な原則)に照らし合わせて、この真理を心に十分なじませている自己Aが、世界の中にいる特定の存在である自己Bを点検するという実践、そしてBがAから逸脱しているなら、BをしてAに一致させようと統治する実践が、主体化なのである。

この実践は反復を伴う。自己が真理と一致しなかった、規則通りふるまえなかったとしても、自己は道徳的に否定され放棄されるわけではない。過ちを見つけた場合、セネカは自分自身に対して次のように言う。「そんなことはもう二度としないよう気をつけろ。今は君を許す」(9)。

そうあるべき生き方と実際に生じてしまった生き方との間には簡単には埋められない隔たりがあるにしても、それでもなおあるべき生き方を求め続けるという反復が重要なのである。

反復に気づくとき、以前述べた回心についての問い、「自己へ向かうことが自己へ戻ることであるとはどういうことなのか」に答えを見いだすことができる。

自己を点検しようとする自己A(理性的自己)は、世界の中に位置づけられ実際の生を営んでいる自己B(個としての自己)にまなざしを向け、Bを点検する。しかしBに立ち返ったAとBとの間になお「遼遠《りょうえん》(はるか遠いこと)なる」隔たりがあるのであれば(10)、まなざしを向けたAにBが到達するよう、すなわちまなざしの起点であり本来あるべき姿であるAに「戻るよう」(就寝前の一日の反省において）Bに命ずるのである。このときAにBが向かおうとするならば、Bの世界における位置は、それ以前と同じではなくなり、ずれていることになる。つまり日々の自己点検・自己統治によって、自己は不断に変容する。これが「回心＝立ち返り」である。この回心において理性的な規則すなわち真理と自らを一致させようとするふるまいをくり返すことで変容し続ける自己が、ストア哲学における「主体」なのである。そこでの「自己」なり「主体」なりは、そのふるまいのことであって、「自己」とか「主体」という固定したものではないことになる。

自由は強制を求める

訓練と点検による主体化で目標とされるのは、自分の全人生をテクネー（技法）の対象とすること、つまり作品のようなものとして仕上げることである。しかも単なる作品ではなく、美しく良き作品を目指すのである。[11]

美しい作品として完成が目指される生を、フーコーは建築家の比喩を使って説明している。

美しい寺院を建設するためには、もちろん規則に従わなくてはなりません。技術的な規則は不可欠ですが、よい建築家はある程度まで自分の自由を活用して、寺院にフォルマを、美しい形式を与えなければなりません。同じように、人生の作品を作ろうとする人、生の技法をしかるべき方法で活用しようとする人が頭に入れておかなければならないものは、規則性の網目や織物や厚いフィルターではありません。〔中略〕古代ギリシア・ローマ人の精神の中では、規則への従属、あるいはそもそも従属そのものは、美しい作品をなすものではないのです。美しい作品とは、ある種のフォルマ（ある種の様式、ある種の生の形式）の理念《イデー》に従うものです。(12)

ここでフーコーは、これまでの議論に、美と自由という概念を導入している。修練を重ねることで自己が自己に「立ち返り＝回心」する主体化という運動とは、自らの生を美しい形式あるいは様式美を備えた芸術作品に仕上げることなのであり、美にかかわるという点で、それは生存の美学と呼ぶことができる。

一方フーコーが言及する自由とは、今日私たちが言う自由を相対化しようと導入された概念である。グレコ・ローマン期（ギリシア文明の影響を受けた古代ローマ）における自由とは、放縦《ほうしょう》や強権政治からの解放、気儘《きまま》や無為のことなどではなく、過度の快楽や死への不安の「奴隷」になることがない状態のことをいう。つまり自由とは自己が自己の主人になること、自己が自己を「所有」することである。しかし、それ以上に自由とは、様式美を備えた作品として自らの生を完成させるのにふさわしいふるまいを行えるよう、「みずからを強制する手段を見いだす」ことなのである。(13)

しかし、なぜ自由が強制なのか。ここでいう「強制する手段」とは、一生涯を通じて、人が自己に専心・配慮するための節制や試練（人が直面する不幸も含む）であるが、それらを悪と考えるべきではない。むしろ「個人を育てるために利用したり有用に活用」すべき善なのである。苦痛というものは、それが苦痛である限り、善なのである。[14] そして善なるものを、人は自ら進んで求めようとしないだろうか。進んで求めた、つまり自発的に、自ら選びとって求めることができるのは、人が「自由」だからである。自由とは個人が自己に行使しうる統治すなわち自己に働きかけ自己を導く営みとして理解されていたのであり、強制的な修練は完全に自由に属していたのである。[15]

古代ギリシア人にとって、自由とは「正しく、立派で、尊敬に値し、記憶されて模範となるようなエートス〔存在様態、ふるまいの様式のこと〕」として具現化すべきものであり、人間の良き生き方を問うのが倫理学であるなら、自由の実践こそが彼らの理解する倫理であったと言ってよいだろう。それは「汝自身を知れ」ではなく「汝自身に気を配れ」という「根本的な命法〔倫理的義務〕」のまわりを回っていた。[16] 同じ命法のために、ストア哲学で求められるのも「良心」の吟味であった。良心の吟味という自由は、自己への配慮のためであった。

なぜ「懸命にゲイになるべき」か

自己に気を配る、自己に専心するというのは、今日疑わしき、反倫理的なものと受けとめられやすいことをフーコー自身指摘している。しかし古典古代において自己に配慮するとは、自己にしか関心を向けないことと決して同義ではない。そうではなく、自己への配慮は、同時に他者への配慮も意味しているふるまいである。例えば、ストア派の哲学者でありローマ皇帝であったマルクス・アウレリウスは自己の吟味のために次のようなことを自らに問いかける。

おまえは今日まで、神々・両親・兄弟・妻・子どもら・教師・師傅係《しふ》・友人・親族・僕婢《ぼくひ》に、いかなる態度をとってきたか。すべての者にたいして今日まで、「不法の振舞いをなさず、口にもせず」ということばを守ってきているかどうか。(17)

ここからわかるように、自己への配慮は他者への配慮と切り離すことができない。切り離せたとしたら、それはもはや「自分自身の生を個人的な芸術作品にする」(18)ふるまいではなくなるのである。このように、自己への配慮が自由の実践であるとき、実践する主体の自由は、古典主義時代以降の主体の自由と大きく異なっている。

フーコーが、西洋の古典主義時代以降の主体の成立契機を、キリスト教に端を発する〈牧人＝司祭型権力〉による「告白」に求めたことはすでに前章でみた。それは、例えば邪悪な欲望をもつ自己を放棄・浄化することを人に要請する。

この告白＝自己放棄という従属によって十九世紀西洋的な主体が成立するが、そのような主体の自由とは、自らを主体たらしめると同時に、従属を強いる権力に抵抗する（抵抗できる）自由として想定されている。しかしフーコーが古代において見いだそうとしたのは、権力とそれに抵抗する自由という図式を相対化しうる新たな自由概念（主体概念）であり、それを提示する可能性を秘めたものとして同性愛が構想されている。そのとき重要になるのは「生の様式」である。

生の様式は、異なった年齢、身分、職業の個人の間で分かち合うことができます。それは、制度化されたいかなる関係にも似ない、密度の濃い関係を数々もたらすことができます[19]〔後略〕。

制度という枠組にからめ取られた異性愛から離れて「ありのままの」男同士でいるということ、それは制度的関係の外に出て、制度の虚を衝き、法や規則や慣習のあるべきところに密度の濃い関係すなわち「愛」をもち込むことである。注目すべきなのは、同性の人間と性的関係をもつ欲望を解放することではなく、友情あるいは友愛なのである。つまり他者への配慮をもたらす「生の様式」を展開させること。それが、「懸命にゲイになるべきなのだ[20]」というときに、同性愛にフーコーが求めたことなのである。

他者への配慮とは、すでに述べたように、自己への配慮でもある。だとしたら、それ自体のうちに差異を含む関係論的な自己は、他者をも巻き込み、他者に通底した自己でもあるだろう。

フーコーにとって同性愛を営む主体とは、このような自己＝他者として思い描かれていたのではないだろうか[21]。

第九章●言語の権力を揺さぶる

あらゆる社会関係は言語関係である

バルトと言えば「快楽」を連想する人たちもいるだろう。それは間違いではない。しかしフーコーのマグリット論の「相似」が彼の権力理論に結びつくように、快楽が権力批判であることを見逃すべきではないだろう。

一九七七年、コレージュ・ド・フランスの開講講義で、バルトは、これから間接的にかつ執拗に問題になるのは権力だと述べている。(1) その少し前に、コレージュ・ド・フランスで講義できることは喜びであり、フーコーが自分を推薦してくれたことに謝意を述べている。(2) だからというわけではないだろうが、バルトの言う権力はフーコーの権力と重なるところがある。

現代において権力が一つのものであるかのように語り、一方に権力をもつ人々、他方でそれをもたない人々がいると考えるのはあまりに「無邪気」だとバルトは批判する。一九六八年のいわゆるパリ五月革命でさまざまな異議申し立てがなされたが、「反体制的な集団の一つ一つが、今度はそれなりに一個の圧力団体となって、まさに権力の言説《ディスクール》(話す主体がその想念を表現するため産出した言表の総体」を、普遍的な言説を、自分自身の名において」唱えるようになった。「要請された解放の大部分が、権力的な言説という形でとなえられ」たのである。「人々は、圧殺されていたものをよみがえらせるのだといって自慢するが、そうすることによって他のものを圧殺していることには気がつかないのである」[3]。

権力は「社会的交流のきわめて些細な機構のうちにも存在する」。つまり、「単に国家や社会階級や集団のなかだけでなく、流行、世論、映画演劇、遊び、スポーツ、報道、家族関係、個人的交友のなか、さらには、権力に異議をとなえようとする解放の動きのなかにさえ存在する」とバルトは述べている[4]。この言説(ディスクール)はきわめてフーコー的である。

しかしここからバルトならではの議論が展開する。「私が権力的言説と呼ぶのは、言説を受けとる側の人間に誤《ママ》ちがあるとし、したがって、罪があるとするような言説のすべてである」とバルトは言う。このような言説は「決して滅びない」。「権力を打破するための変革をおこなっても、権力はたちまち、新しい事態のもとでよみがえり、芽をふきかえす」[5]。

このように、権力が持続し遍在するのはなぜか。それは、言語に権力が刻み込まれているからなのである。

人間を人間たらしめているものが言語であるならば、人間はいつでもどこでも権力から自由になることはない。人間が言語のもとにあるがゆえに権力は遍在するのだという点にフーコーとの違い(といっても強調点の違いでしかないが)があると言えよう。バルトは社会的交流のきわめて些細

なところにも権力は存在すると言っていたのだから、彼はあらゆる社会関係を言語関係としてとらえていることになる。(6)

ではなぜ、権力が言語に刻み込まれているのか。それは、言語が分類することにもとづいてなりたっており、そして分類というものがそもそも圧制的だからである。しかも往々にして人々はそのことを忘れている。分類することは命令・威嚇することなのである。

言語のファシスト的性質

バルトはこのときヤーコブソンの構造言語学に言及している。英語とロシア語の文法体系の違いを例にしたあと、ヤーコブソンは次のように述べていた。

> 諸言語が本質的に相違するのは、それらが送達しなければならないことにあるのであって、それらが伝達し得ることにあるのではない。ある特定の言語の各々の動詞は必然的に、〔中略〕一組の特定の然り・否決定の質問を強圧的に提起する。話し手や聴き手の注意は、当然、彼らの言語コードにおいて強制的であるような項目に不断に集中されるであろう。(7)

I hired a worker.（私は働き手を一人雇った）という英文をロシア語に翻訳するとき、ロシア語は、私がその働き手を「雇った」だけなのか、それとも「雇って、現在も使っているのか」、働き手は男なのか女なのかについての補足情報を必要とする。ロシア語に翻訳するためには、この質問に答えなければならない。ロシア語では完了体か未完了体の動詞のいずれか、男性形の名詞か女性形の名詞かのいずれかで選択を行わねばならないからである。

「諸言語間の真の相違は、話し手によって表現され得る、あるいは、表現され得ないものにあるのではなく、送達されねばすまない、または、送達されなくともすむものにあるのである」[8]。言語の特質は強制なのだ。「話すこと、ましてや論ずることは、あまりにもしばしば繰り返し言われているように、伝達することではない。それは服従させることである」[9]。

言語はその本質として、威嚇的、強制的、つまりは権力的なのであるが、この性質をバルトはファシスト的と呼ぶ。なぜなら「ファシズムとは、何かを言わせまいとするのでもなく、何かを強制的に言わせるものだからである」[10]。

このファシスト的な言語は、いったん発話されるや否や、権力に仕え始め、そこには断定からくる権威と反復からくる群生性という二項目が現れるとバルトは言う。後者はわかりにくいかもしれないが、次のようなことを意味する。すなわち、言語を構成するシーニュ（シニフィアンとシニフィエが結びついたもの）は、再認される限りにおいてしか存在しない。言い換えると、例えばある語が「本」という意味であるということが言えるのは、それがくり返ししかるべきコンテクストで使用されステレオタイプとして承認されるからである。つまり、シーニュは反復される限りにおいてしか存在しない。くり返しによる承認が必要という点で、「追随」的である。そして反復されることで「本」というシーニュの群れが固まって存在する。つまり複数集まって認めてもらえるという点で「群生」的である。

私は言語を話す主体として断定的に話すことができる。つまり権威を行使できる。しかしそのためには、言語のうちにすでに散らばっているシーニュを拾い集め（シーニュの使い方が妥当なものとして承認してもらえ）ない限り、話すことができない。つまり「私は主人であると同時に奴隷となる」。つまり言語のうちには権力と隷属性とが「避けがたく混じり合っているのである[11]」。

人は社会生活の中で言語を行使することによってしか生きられない。だとしたら権力の二重性（主人と奴隷）から決して逃れられない。「誰をも服従させない力のことを自由と呼ぶなら、自由は言語の外にしかありえない。が、不幸なことに、人間の言語活動に外部はないのだ[12]」。日本でもひと頃流行った言語とその外部、権力とその外部へ出ようという言説を口にする「無邪気な連中」にならないようバルトは戒めているようだ。

しかし、ではどうしようもないのか。自由への脱出は不可能なのだろうか。バルトは不可能だと認めつつも、何も残されてはいないとは言っていない。私たちに残されているのは、権力を直接攻撃することではなく、「言語を用いてごまかすこと、言語をごまかすことだけである[13]」。それを彼は文学と呼ぶのである[14]。

文学とは「ごまかし」である

では「言語をごまかす」とはどのようなことなのか。文学には自由の力が含まれるとバルトは言うが、それは作家が言語に対して行う「転位の作業に依存する」[15]のだ。転位とは「人が期待しているところに身を置かないこと。あるいは、さらに徹底するなら、自分の書いたもの（必ずしも自分の考えたことではない）が、群生する権力によって利用され、隷属させられたときは、それを公然と捨てること」[16]である。つまりはぐらかし、執着しないことである。しかしこの執着を引用した箇所の少し前でバルトが言う「固執するということ」と同義だととらえてはならない。「固執するということ」は文学が比較できない不滅のものであるかのようにふるまうということである。バルトは固執を肯定する。したがって文学とは固執するとともに転位することになる。それは「漂流し待機する力を是が非でももち続けるということ」[17]である。ほかのあらゆる言説の交わるところに立ちながらも、それらに染まることなくやりすごし、そこに生き残るものを俟つのである。それは「記号をだます力」とも言い換えられる。

この力すなわち群生的な言葉から無限に逃れていく力は「テクスト」のうちに秘められているとバルトは言うのだが[18]、「固まろうとするあらゆる言説の裏をかくために戦う」[19]いわば「蜃気楼《しんきろう》の運動」をもつ「テクスト」は、バルト自身によって、断章的なエクリチュールとして実践されるのである。[20]あるいは語られるときに脱線（断章化されて書き記されることになる）ないし余談（＝遠足、excursion）として。そして断章あるいは脱線は、母のまわりで遊ぶ子どもが母親から遠ざかると思うと、次には小石や布切れをもって母親のもとに戻って差し出すという動きに喩えられるような、きわめて快楽的なものでもある。

『テクストの快楽』はコレージュ・ド・フランス教授就任以前に書かれた断章集だが、権力の裏をかき、権力をはぐらかす試みの一つとして読むことができるだろう。『テクストの快楽』には随所に権力への言及がある。

> テクストのブリオ（〔活気や熱気を意味するイタリア語〕これがなければ、結局、テクストは存在しない）は、悦楽への意志であるだろう。ここにおいて初めて、テクストは要求を超越し、おしゃべりを乗り越え、これによって、形容詞の支配を打ち破り、外に溢れ出ようと試みる——形容詞というのは、イデオロギー的なもの、想像物《イマジネール》〔現実との直接接触を妨げ、現実を改変したり固定したりするもの〕が、怒濤のように流れ込む言語活動の戸口なのだ。
>
> 「テクスト」は「織物」という意味だ。しかし、これまで、この織物は常に生産物として、背後に意味〔真実〕が多かれ少なかれ隠れて存在するヴェールとして考えられてきたけれど、われわれは、今、織物の中に、不断の編み合せを通してテクストが作られ、加工されるという、生成的な観念を強調しよう。この織物——このテクステュール〔織物〕——の中に迷い込んで、主体は解体する。自分の巣を作る分泌物の中で、自分自身溶けていく蜘蛛のように。

イデオロギーの体系はフィクションである（劇場のイドラと、ベイコンならいっただろう）。小説《ロマン》である――ただし、十分筋があり、危機があり、善玉と悪玉のいる古典的な小説《ロマン》である（ロマネスクは全く別物だ。構造化されない、単なる切り分け、形の撒布、マーヤー〔生成の原理の意〕）。それぞれのフィクションは、それが属している一つの社会的な特殊語法《パルレ》、社会言語《ソシオレクト》に支えられている。フィクションとは、言語活動が異常に凝固し、共通にそれを語り、それを広めるための聖職者階級（僧侶、知識人、芸術家）が見出された時に達する凝着の度合である。(21)

なぜ断章形式なのか

断章（断片、fragments）は、バルトが好んで書く形式である。断章つまり短い形による書き方は、最初のテクスト（一九四二年）から『神話作用』（一九五七年）、『記号の国』（一九七〇年）、『テクストの快楽』（一九七三年）、『恋愛のディスクール・断章』（一九七七年）などにみられるものであり、バルトはこの書き方をやめなかった。(22) 断章を好んできた理由は、「首尾一貫しないほうが、形を歪ませる整然性よりましだから」である（「首尾一貫した整然性」とは、権力にほかならない）。

断章の利点は、展開し完結する必要がないということである。そもそも文には階級性、支配と従属、内的統制という権力性がある。文は完結することを目指し、また常に終わることを強制される。完結する文は、「言おうとすることに最終的意味を付与しようとする」ものである。ある特定の観念付与という強制、それはある特定の秩序、規則（思想）を固まらせようとするものであるが、断章はそれを打ち壊すものになるのである。(23)

バルトの断章化のスタイルは、例えば、アルファベット順による主題の配列である。『テクストの快楽』では、「肯定」（Affirmation）、「バベル」（Babel）、「おしゃべり」（Babil）、「縁」（Bords）、の順に構成されている。アルファベット順であるから、論じられる内容に論理上の連続性があるわけではない。主題（断章）は、隣接する断章と断絶し、秩序の統制を撹乱するのである。この試みは『テクストの快楽』の「文」という断章の始まりで、以下のように述べられる。

> ある晩、私は、バーの椅子でうつらうつらしながら、戯れに、耳に入って来る言語活動を全部数え上げようと試みた。音楽、会話、椅子の音、グラスの音、要するに、立体音響のすべて。〔中略〕私の内部でも、声が聞えていた（よくあるように）。〔中略〕私の中を単語や小さな連辞《サンタグム》や常套句の切れ端が通り過ぎた。そして、いかなる文も形成されなかった。〔中略〕それは、私の中で、一見流れているようにみえながら、完全に不連続であった。この非文は、文に到達する力のないもの、文以前にあるものではなくて、永遠に、堂々と、文の外にあるものであった。こうして、潜在的に、言語学全体が崩壊した。(24)

このようにバルトは、異質なものを異質なままに並置し、凝固しステレオタイプ化することを妨げようとするのである。

アルファベット順の配列、それはテクスト全体を索引にするようなものと言える。バルトはこれを逆の言い方で次のように述べている。「あるテクストの索引とは、それゆえ、単なる照合の道具ではない。それは、それ自体がひとつのテクストだ。第一のテクストの《ルリエフ［relief］》（残余であり、かつ起伏）である第二のテクストなのだ[25]」。

断章の配列は一定の形式にのっとっている。したがって断章集は決して文や言語体系の外部に出ているわけではない。しかし、索引という「一見したところ古典的なコードの内部に留まる振りをして、いくつかの文体上の至上命令に服するエクリチュールの外見を保」ち、「ヒステリーに陥ることを避け、著しく常軌を逸することのない形式」を採用することが、「固まる」ことを、固化することを妨げる最上の方法なのである[26]。なぜなら、「著しく常軌を逸する形式」で権力に異議を唱えたとしても、そのことは、逆に「異議を申し立てる形式と異議を申し立てられる形式の間には構造的な一致がある[27]」こと、つまり、権力とそれに抵抗する側が共通の土台の上にあることを往々にして隠蔽するだけになりかねないからだ。大切なのは、さりげなくかつ抜けめなく「ずらす」ことなのである。

断章のために「書き出し」部分を見つけたり書いたりすること、それが好きだとバルトは言う。

テクストを断章化することはそれだけ「書き出し」部分が増えるということであり、それだけ快楽が増えるということである。そのためにバルトはつい断章の数を増やそうとする。[28]

言語の強制、全体化、固化を妨げようとするバルトのスタイルは、政治的抵抗以前に、快楽であったのだ。

要するに私の手法は足し算であって素描ではない。私には、細部、断片、《ラッシュ（未編集の映画フィルム）》への好みがあらかじめ（つまり第一に）あるのだ。それから、その細部を「構成」にまで導いて行く際の不器用さが。私は「総体」を再生するすべを知らない。[29]

快楽の追究が固化への抵抗につながっているのである。「快楽が宙吊りにするのは意味された価値である。すなわち、（正しい）『立場』だ」[30]。

この快楽は断章からたやすく連想できるように、「漂流という形をとることも大いにあり得る。漂流は私が全体を尊重しない度毎に起る」[31]。「ずらす」という快楽にバルトは権力から逃れる可能性を込めているのである。

第十章●悲劇の人格論

悲劇を分析する

ジャン・ラシーヌ（一六三九―九九）は、フランスの著名な劇作家である。幼くして両親と死別、祖父母にひきとられるが、祖父の死後、祖母とともにパリの南の郊外にあるポール・ロワイヤル修道院へ移り住み、そこで教育を受けた。ギリシア古典やラテン古典をここで学んだことが、文芸への興味を高め、二十四、五歳のときに書いた初めての悲劇『ラ・テバイード』がパレ・ロワイヤル劇場で初演され、劇壇へのデビューを果たした。代表作に『アンドロマック』『ミトリダート』『ベレニス』などがある。

バルトの『ラシーヌ論』は、彼が最も構造主義的な時代の著作と言われている。(1)『ラシーヌ論』は、「奥の間」への言及から始まる。ユダヤの神のまします至聖所《しせいじょ》やペルシア王の宮殿、王の寝室のように、それは「見ることもできぬ恐るべき場所」で、「《至高の権力》が潜んでいる」(2)。この「奥の間」は、権力の棲処《すみか》であると同時に、その本質でもあるという。ラシーヌ劇においては、権力とは一つの秘密にほかならず、みえぬものであることによって人を殺すものになるのである。

渡辺守章によれば、バルトがここで空間に言及しているのは、当時の哲学や思想界において文配的だった「時間」の観念から脱却するためであるが、「空間」に発想の場をシフトするパラダイム・チェンジのモデルになったのはレヴィ＝ストロースの『親族の基本構造』（一九四九年）や『構造人類学』（一九五八年）だったのである。(3) また、例えば「ラシーヌ悲劇の神学は、転倒した贖罪《しょくざい》である。人間が、神の犯した罪を贖《あがな》ってやるのだ(4)」のように『ラシーヌ論』は今日の文化人類学の動向に照らしても新鮮な権力論、供犠論を提示している。

立場にもとづいた性別

しかし『ラシーヌ論』は、権力論や供犠論としてだけでなく、新たな人格概念の提示としても読むことができる。

バルトによれば、ラシーヌ劇の特徴の一つとしてあげられるのが、登場する男女の年齢や容色などの身体的特徴が、少しも具体的でなく、イメージを喚起しづらく、きわめて抽象的だということである。

身体を形容詞で表す努力がなされず、「あの方が絶世の美人とはみな承知しております。そしてあの美しいお手は、万民支配の権を陛下からお求めのようでございます(5)」のように、美という「概念が、事物を排除して(6)」いる。

ラシーヌが表現しているのは自己喪失（自己が他者ないしほかのシステムに組み入れられたり取

り込まれてしまうこと、alienation）であり、それは性的役割を検討してみれば自明だとバルトは言う。登場人物の性的役割は自然的性差より情況すなわち位置・立場にもとづくものなのである。

すべてはおのが存在を、力と弱さの一般的な配置のなかの自分の位置から、獲得している。ラシーヌ劇の世界が、強者と弱者、暴君と虜に分割されていることは、ある意味では性の分割にも適応し得る。力関係のなかで人物たちの置かれている情況＝立場が、彼らの生物学上の性とは関係なく、ある者を男性的な性に、他の者を女性的な性に定めてしまうのだ。(7)

男性的様態の女と女性的様態の男

アレクサンドル大王のインド遠征を題材にした『アレクサンドル大王』をみてみよう。破竹の勢いのアレクサンドル大王はインドの諸王に、抵抗をやめ和平を受け入れるようにと言うが、女王アクシアーヌは、アレクサンドルへの服従、隷属を潔しとせず徹底抗戦を呼びかけ、王ポリュスがそれに従う（図10－1）。

あなたが強い魅力によってすべての王をふるいたたせ、戦いへと引きずって行かれたうえに、降服するをば拒まれて、アレクサンドルに勝った者のみ恋人にすると誇り高く申された。(8)

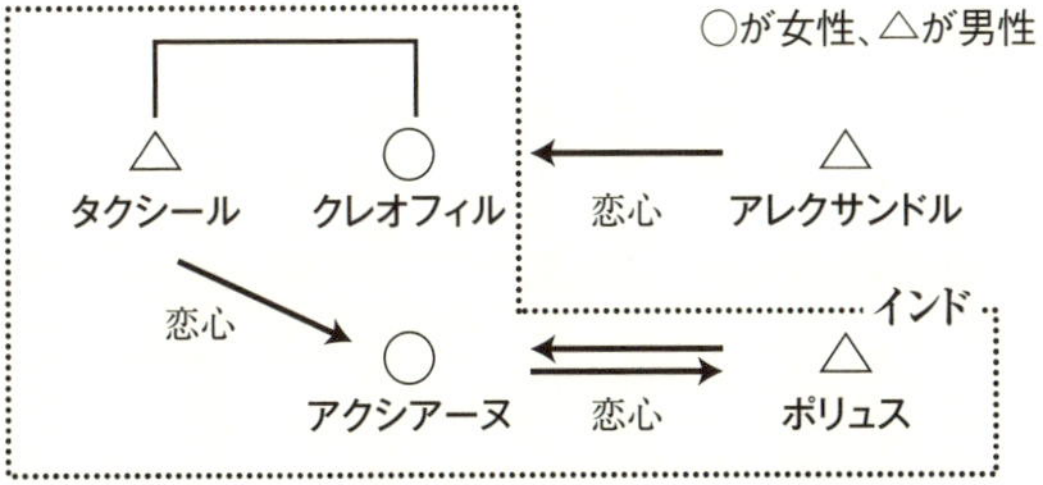

図10-1　『アレクサンドル大王』の人間関係図

和平を憎むアクシアーヌは、「この地にもたらされた奴隷の鉄鎖を恥辱と思い、みずからの瞳のほかに暴君のあることに耐えられぬ」。彼女の怒りは激しい(9)。

アレクサンドルに思いを寄せられるインドの王の妹クレオフィルは、インドの軍勢とアレクサンドル大王の軍勢が火花を散らそうとするとき、アクシアーヌを安全な場所に隔離しようとする。しかし、アクシアーヌは、

> その平穏の恥ずべき安全さこそ、わらわの我慢できぬもの。何ごとであろう。ポリュスに従い、わらわの臣下が女王のために戦って戦野に死んで行くときに、血潮をもってかれらが忠義のほどを示してくれているときに、死に行く者の叫び声がわらわの耳までとどくときに、わらわに平和の話をする!(10)

と怒る。またアクシアーヌに従うポリュスは彼女を恋慕し、アクシアーヌもポリュスを愛しているのだが、死を覚悟して戦いに臨もうとするポリュスが、

このわしに少しでもうれしい心の傾きを覚えらるるならば、この日かほどにわしを尊重してくださると約束されたお心が、さらには少しばかりの愛情を約束してくださいましょうに。

と愛情の吐露を懇願しているのにもかかわらず、「お行きなされ、ポリュス殿。アレクサンドルに向けて進撃せられよ」[11]とつれない。「彼女はポリュスに対する愛を告白することさえしない」[12]。ここにみられるのは男性的様態の女、「傷つけ、分断し、切り取る」ゆえに男性的な女なのである。[13]一方、インドの王タクシールは、優柔不断で卑怯な人物として描かれている。彼はポリュスのように勇猛果敢ではない。タクシールもポリュス同様アクシアーヌを愛しており、「すべての心の女王たるアクシアーヌ」に仕えたいと思っている。しかし、アレクサンドル大王から思慕されている妹のクレオフィルから、女王が愛しているのはタクシールではなくポリュスであり、戦いのあとポリュスはタクシールを臣下にするだろうが、アレクサンドルは王として統治させてくれるからと、アレクサンドルとの和平を受け入れるように説得され、心が揺れてしまう。[14]クレオフィルとの場面の直後の第二幕第二場でタクシールはポリュスに対して抗戦ではなく、和平を主張する。しかし、第二幕第四場では、アクシアーヌに対してぬけぬけと軍勢を整えて出かけると口にする。「タクシールは絶えず自分の男性性の後を追いかけるし、それをアクシアーヌからしか手に入れることができないことを知っている」からだ。[15]

それゆえアクシアーヌに従わず和平を受け入れたとき、彼はもはや男性的でなくなる。タクシールは卑怯であり、軟弱な人物としてアクシアーヌやポリュスから見下される。つまり、「女々しい」人物、女性的様態の男なのである。

文化的な両性具有

しかし、男性的様態の女にせよ、女性的様態の男にせよ、いついかなるときでもそうなのではなく、情況に応じて女性的様態の女、男性的様態の男の極へ移行する。例えばポリュス出陣後、敵の勝利の声しか聞こえぬ中、アクシアーヌは初めて、「ああ許されよ、大王ポリュス。あなたしか愛していなかったことを、こんにちになってよく感じまする」と認めるのである。(16)

ラシーヌ劇の女性のうちで最も男性的な女性はアタリーであろう。『旧約聖書』の「列王紀」と「歴代志」を題材にした『アタリー』の舞台はエルサレムである。異端の神バアルを信じるアタリーは、正統の神エホバを信じるダビデ王家の一族(自分の息子アハジャの息子たち)をみな殺しにして王位につく。アタリーの凶刃を免れた孫ジョアス一人だけが大祭司ジョアドの手によって神殿に匿《かくま》われてユダヤ人の王と宣言されるまで秘密に育つ(人間関係は図10－2参照)。(17)アタリーは、やがてジョアド率いる神殿の守護や生贄《いけにえ》の準備をするレビ人たちに復讐され、殺される。アタリーが自らの孫であるダビデ一族をみな殺しにしたのは、イスラエル王であるエヒウによってアハブ(アタリーの父)の子孫が殺されたからである。まさに男性的様態の女性である。彼女の男性性は以下のように語られる。

ザカリー　〔大祭司の息子〕男だけに許された〔神殿の〕内陣に、あの高慢ちきな女が昂然とはいって来て、レビ人たちだけに許された神聖な囲いの柵まで越えようとした。[18]

アタリー　ことごとにめざましい成功を収めて権力を築いたわたし[19]〔後略〕。

アタリー　わたしは、子孫に対して両親の仇討《あだう》ちをしたのだ。父と弟とが虐殺され、母は宮殿の屋根から突き落とされ、同じ日に同時に（怖ろしい光景だった！）八十人もの王子が殺されるのを見ることになったかもしれない。〔中略〕わたしは無慈悲な女王、愛を知らぬ娘[20]〔後略〕。

しかし、その彼女も、彼女による殺戮《さつりく》の生き残りであるジョアス（彼女の孫）の魅力に心を奪われると、母性的＝女になる。

アタリー　〔ジョアスの姿を見て〕なんと身に覚えのない奇蹟で、わたしは悩まされ、当惑することか。この子の声のやさしさ、子供らしさ、可愛らしさが、いつとはなしにわたしの敵

意を失わせ……　わたしとしたことがいとおしさを覚えるとは。(21)

そのようなアタリーの姿を見たバアルの神の僧上マタンは言う。

マタン　わしには一昨日《おととい》から、女王のことがわからぬ。もはや先見の明のある、大胆不敵な方ではない。臆病なはずの女に似合わず毅然として、敵方に不意打ちをくらわせて、一挙に打ち破り、一瞬もむだにはなさらぬ女王の面影もない。くだらぬ悔恨に恐れおののき、勇壮な心もみだれ、ゆらぎ、ためらい、要するに女にすぎぬ。(22)

かくして性差は、登場人物の生物学的な性別や「性格」などにかかわらず、場面ごとの人間関係すなわち権力作用によって決まる。「性差が葛藤を産むのではない。葛藤が、性差を定めているのだ」(23)。

「『性差』は『権力の関係』が変われば、たちまち逆転する」というのがバルトの視点だが(24)、言い換えれば、男女を問わずそのうちに男性的なものと女性的なものを含み、ある特定空間（場面）での他者との関係において、そのどちらかが優勢となり、その人物の性を決定するということになる。すべての男女は生物学的な意味ではなく文化的な意味において両性具有的だということである。

性と性役割の不一致

同様の分析はのちの著作『S／Z』にも見いだすことができる。

物語に登場する男たち（冒頭で夜会が開かれている屋敷の主ランティ氏、サラジーヌ、サラジーヌの師である彫刻家ブーシャルドン、物語を語る話者）は、「完全な男性の側にしっかりと位置していない」[25]。

ランティ氏はいじけている。ブーシャルドンは、サラジーヌを庇護し、可愛がり、自分の子どものように扱うその優しさが、母性の象徴である。放蕩に耽《ふけ》りそうなときは重要な仕事を任せるというように、ブーシャルドンは息子とも言えるサラジーヌを、母がするように性から遠ざける。「性から遠ざかることは、サラジーヌにおいては、性欲奪取 *aphanisis*、つまり、去勢を意味する」[26]。性欲奪取という「去勢」ゆえにサラジーヌは「低劣なもの〔女性的〕にされる」[27]。

対照的に、権威や権力を行使する側にいるのはランティ夫人である。ランティ夫人の娘マリアニーナもランティ家に富をもたらしたザンビネッラを監視するが、ランティ夫人はそれ以上である。「夫人が二言三言つぶやくと、老人はほとんど常にそれに従うのだった」[28]。情愛や服従だけでなく「専横ぶり」が物腰と表情に刻まれ、蠱惑《こわく》的な瞳と知性で男性を虜にし、「眉をひそめ、微かな目配せをし、唇をすぼめるだけで」、男たちに「一種の恐怖」を刻みつけるような女性であったのだ[29]。

権力、権威、恐ろしさ、「父親の持つすべての幻想的属性」を備えたという彼女は「去勢する女性」だとバルトはみなすのだ[30]。

権力：服従：：能動：受動：：男性的：女性的という二項対立を前提のこととしてではあるが、「サラジーヌ」の登場人物たちも生物学的性と社会的性役割が一致していないのである。ランティ夫人はいつも「恐怖の権力」を行使するだけでなく、女性としても十分に美しく、その美貌は年齢によって色褪せない。彼女の息子フィリッポも「男らしい情熱」を約束するたくましい眉をもちながら、母ゆずりの見事な美貌のもち主である。ザンビネッラに限らず、「サラジーヌ」の主要登場人物もラシーヌ劇と同様、両性具有的なのである。

「人間の身体が、形の明確なものとして、造型的な用語で語られることはなく、呪術的な用語で語られることになる[31]」。「呪術的」というと、ありえぬ荒唐無稽な考えが述べられていると受けとられそうだが、そうではない。呪力は魅力なのである[32]。

この見解は、今日の文化人類学で「静かな革命」あるいは「存在論的転回」をもたらした旗手の一人と言われているマリリン・ストラザーンの「分人」というメラネシアの人格論や、ストラザーンの議論とは独立に分人という概念を近年提唱している平野啓一郎の議論をはるか以前に先取りしていたものと言える。彼らについては第十三章で論じたい。

分身どうしの対立

バルトは『ラシーヌ論』の中で、本性上非常に近いもの同士の対立について論じている。再びラシーヌの悲劇『アタリー』をとりあげてみよう。この悲劇についてラシーヌは序文を次のように書き出す。

誰でも知っていることだが、ユダの王国は、ユダとベニヤミンの二つの種族から成り、そしてレハベアムに敵対する十の種族が集ってイスラエルの王国ができていた。ユダの王たちはダビデの王家の出で、遺産としてエルサレムの都と神殿をいくつか持っていたので、そこに住む祭司やレビ人たちは、その傍近くにいつき、つねにそこから離れることがなかった。というのは、ソロモンの神殿が建立されてから、他の場所で生贄を捧げることが許されなかったからであり、〔中略〕そこで正統な信仰は、ユダの地の他に残らなかった。十の種族は、ごく少数の人々をのぞいて、偶像崇拝者か、教会分立派であった[33]。

ユダの王国とイスラエルの王国、正統な信仰と異端の偶像崇拝という対立が物語の背景にある。ユダの王ヨラムは、ダビデ家の七番目の王であり、アハブとイゼベルの娘アタリーと結婚した。アタリーの両親はイスラエルを統治していたが、ことにイゼベルは不信心で預言者たちに流血の迫害を加えた。イゼベルの娘アタリーも母同様であり、夫ヨラムをそそのかし偶像崇拝にひきいれ、エルサレムにバアルの神殿を建てた。バアルとはシドン人の神で、エホバが砂漠の神であるのに対して、沃地《よくち》の神で、農民から崇拝された神である。バアルはイゼベルが生まれた国の神であった。

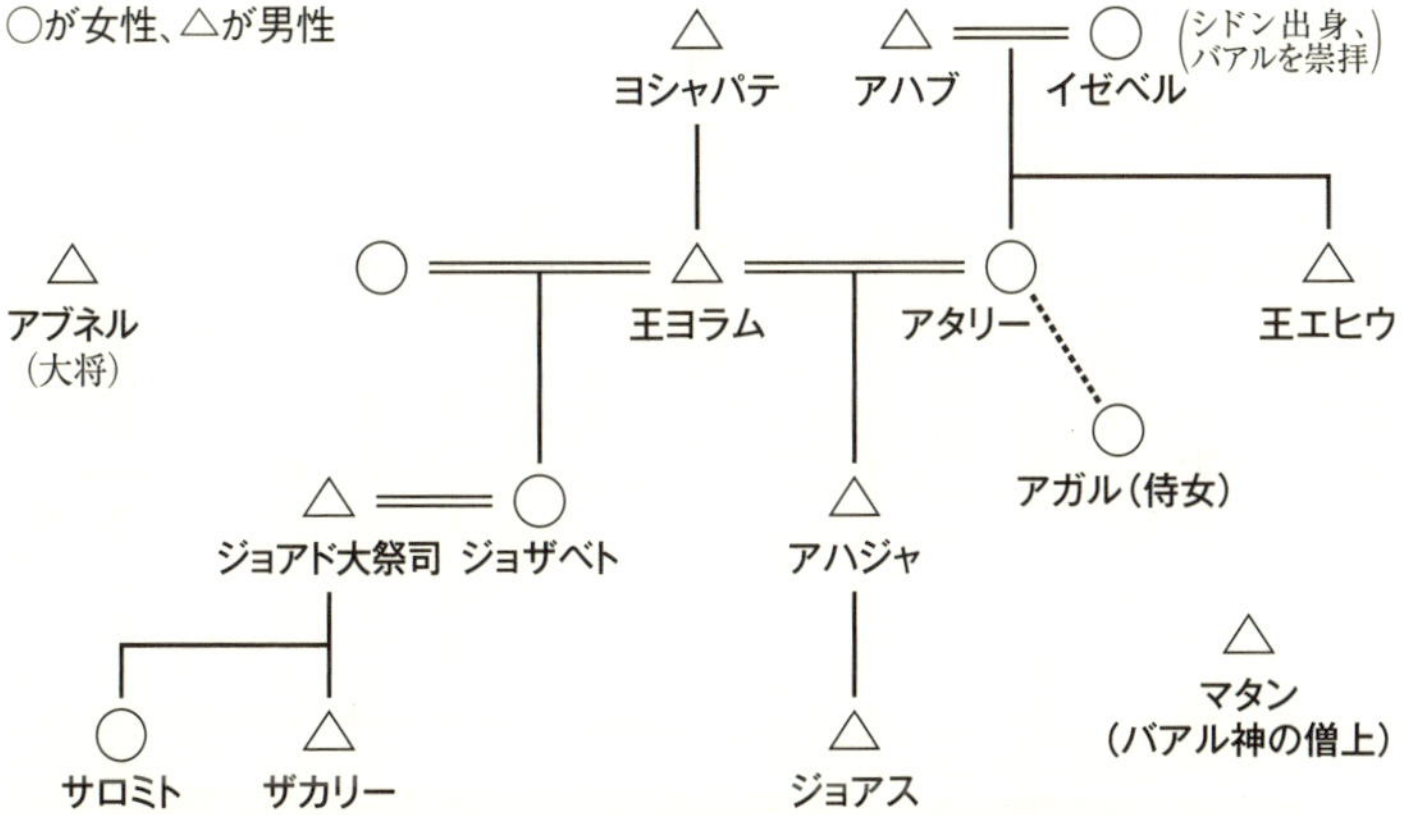

図10-2　『アタリー』の人間関係図（ラシーヌの説明にもとづく）

ヨラムの死後息子アハジャは一年だけ統治したのち、母アタリーの兄でイスラエル王のエヒウを訪れたとき、エヒウに殺されてしまう。しかし神からイゼベルへの復讐の実行者にさせられたエヒウは、アハブの子孫をみな殺しにし、イゼベルも惨殺する。アタリーは虐殺を知り、今度は彼女の孫にあたるアハジャの息子たちをみな殺しにして、ダビデ王族の絶滅を図った。しかし、からくも生きのびたのが、ジョアスであり、彼はおばジョザベトとその夫で大祭司のジョアドの庇護下で神殿に匿われ成長する[34]（図10－2）。そして悲劇が幕を開ける。

バルトはここに民族分裂（シスム）を見いだす。

バルトは二つの王国を兄弟に喩える。ダビデという神の統一を表す王を「父」とし、ユダとイスラエルという兄弟の間に死闘が続けられる。一方（ユダ）はよい息子であり「父」の絶対権を認め法を守る。もう一方（イスラエル）は悪い息子で反抗する。「父」への忠誠という「契約」の破棄と「合法性」との断絶。「血」そのものが分裂して対立する二つの家系が生まれる。それが民族分裂の起源であるが、バルトは分かれた家系は、あらゆる点で合法的な家系に似ているという。「分裂して別れた家系も、一つの血を、超‐時間的な《存在》をもっており」、両者の間にくり広げられるのは、「同じ《種子》から生まれたが故に同質である、二つの《血》の葛藤」である。ラシーヌは悲劇で、二つの神格（ヤハウェとバアル）を、二人の祭司（マタンとジョアド）を、二人の王（アタリーとジョアス）を、二つの神殿を対決させるが、それらは分身同士の対立なのである。[35]

排除という源流

分身、兄弟というメタファーでバルトが表そうとしているのは、他者ゆえにではなく、同一者であるゆえの葛藤と対立である。これは、最初の悲劇『ラ・テバイード』では、「生まれる前から」「ほかならぬ母親の腹のなかで、すでにぴったりと貼り付いていた二つの胎児は、闘っていた」という「肉体的な一体感から生まれた憎悪」として読み解かれる。[36]

自己と同一ではない存在としての異質な他者へ不寛容や排除を差しむけるという主題[37]ではなく、同一者であるにもかかわらず、あるいはそれゆえの、不寛容と排除をバルトはラシーヌ悲劇の中に見いだすのである。

この不寛容と排除は、『アタリー』の中で、アタリーによって寛容と歓待へと変化しそうになる一瞬がある。ジョアスに出会い、少年に惹かれて彼女は権力を行使する王＝男ではなく慈愛のある母＝女の側面をかいまみせる。「この子の声のやさしさ、子供らしさ、可愛らしさが、いつとはなしにわたしの敵意を失わせ……」[38]。アタリーは「変わることができる、《エロス》の作用によって再び女となることもできるのである」[39]とバルトは言う。エリアサンという偽名で神殿に匿われて生きていたジョアス（ユダの血をつぐ王位継承者）に対して、アタリーは子どもをひきうける提案をする。

アタリー　ところで、エリアサン、おまえは気に入ったよ。おまえはきっとただの子ではあるまい。なるほど、わたしは女王だが、あとつぎがない。そんな服を脱いで、そんなつまらないお勤めを止めにするがいい。おまえにわたしの全財産を譲ってあげよう。今日からこの約束が果たされるかどうかためしてみるがいい。食卓でも、どこでも、わたしのそばに坐らせて、わが子のようにしてあげるよ。[40]

この提案により、アタリーは「二つの血の自由な融合を、民族分裂によって破られた宇宙の正しい復興を勧める。二つの相対立する合法性から、彼女は唯一の、そして新しい合法性を作ろうとするのであり、子殺しを養子縁組へと転換し、罪の源泉である自然の親子関係の代わりに、選ばれた親子関係を、和解の保証として望むのである」[41]。

しかし彼女はジョアスを匿い育ててきた大祭司ジョアドが率いるレビ人たちに殺される。ジョアドは神殿で育ったエリアサンがダビデの家系の正統な継承者ジョアスであることを人々の前で告げ、ジョアスを王位に据えようとする。「開放的態度」を示していたアタリーに対してジョアドは「《拒絶》そのもの」である。[42] ジョアスもこの拒絶を体現したかのような暴君となっていく。[43] ジョアドやのちのジョアスがいる世界とは、神との契約という「合法性」をもとに契約を受け入れぬものを排除する閉鎖的な世界、「典型的に人種差別的な世界」なのである。[44]

その世界では血を分けた兄弟でも、契約を受け入れぬならば、他者すなわち「異邦人」として排除されるのである。

『アタリー』や、アンチゴーヌ（アンティゴネー）らオイディプス王の子どもたちの葛藤を描いた『ラ・テバイード』の中にある閉鎖的で不寛容な世界、暴力による排除の世界を、バルトはこのように読み解いている。『アタリー』や『ラ・テバイード』は、いずれも聖書と古代ギリシア悲劇という西洋文明の源流であり礎《いしずえ》であるものに題材を求めたのであれば、同一者を憎悪し排除する人間世界とは、バルトには西洋文明の典型的な特質として映っていたのではないだろうか。

このモデルは、『悲しき熱帯』のレヴィ゠ストロースによる人間社会の二類型の一方（人間を吐き出す社会）を思い出させずにはおかない。これについては第十二章後半で論じることとし、まずは『S／Z』との関連でラカンをみておこう。

第十一章●「ない」という「ある」こと

去勢する権力

バルトが詳細な分析をしたバルザックの「サラジーヌ」では、若き彫刻家サラジーヌが去勢された歌手ザンビネッラに恋し、身を滅ぼしたのだった。ランティ家のパーティで目撃されたのは老いさらばえたザンビネッラにほかならなかった。ザンビネッラが蓄えた巨万の富のおかげでパリの社交界に台頭できたランティ家だが、夫人はザンビネッラをいともたやすく従わせることができた。この専横ぶりをバルトが「去勢する女性」と表現したことはすでに述べたが、権力の行使によって女性が男たちに刻みつけたのは、去勢されるかもしれないという恐怖なのだとバルトは考えたのかもしれない。

フロイトやラカンの精神分析の思想にもバルトは影響を受けており、それは『ラシーヌ論』以前の頃からだったようだ。精神分析的解釈をするなら、去勢する恐怖の権力は「父」のものであり、「母」である女性はこの権力を行使される側である。彼女が男根をもたないのはあらかじめすでに去勢されているからである。しかし「サラジーヌ」は、あらかじめ「去勢された」女性が男性を去勢するかのような権力行使の逆説を示している。この逆説は『S／Z』以前の『ラシーヌ論』の登場人物にも見いだせるのではないか。

「母」であるランティ夫人のように、ラシーヌの悲劇に登場する女たちがときに男性的であるのは、優しく従順＝女性／力強く支配する＝男性、という単純な二元論によるものではなく、去勢する権力を保持する「父」を体現していたからではなかったろうか。

ここから、去勢する恐怖の権力をラシーヌ悲劇に読み解くことができるかという問いを追求することもできるが、ここではバルトの『S／Z』にとどまって去勢について考えてみたい。それがラカンの思想への導入につながるからだ。そもそもバルザックの「サラジーヌ」に去勢はどう描かれているのだろうか。

あらかじめすでに去勢されていたかのように男根をもたない女性が、本来なら去勢する権力をもつ男性に対して当の権力を行使するのは、女の側からの「復讐」にもみえるためにそのぶん「恐怖」を喚起しやすいという解釈は、いかにも精神分析的であるかのようだが、実はラカン自身の精神分析はこうした解釈とは縁遠いものなのである。バルトへのラカンの影響もそこにはないのだ。

「サラジーヌ」における去勢

「サラジーヌ」では、ランティ家の夜会に来たロシュフィード夫人が不気味な老人（ザンビネッラ）を目撃する。彼女に頼まれた話者は、ザンビネッラにまつわるサラジーヌの物語を語るのだった。彫刻の修業でイタリアに来たばかりで世間知らずのサラジーヌは、劇場でザンビネッラの歌を聞き、彼女に苦しいほど恋をする。しかし、女性が舞台にあがるのが許されないローマの劇場では、女役をするのは去勢男性歌手であった。

真相を知り、驚愕するサラジーヌはザンビネッラを連れ出し、ためらったあげくにザンビネッラを殺めようとするが、ザンビネッラのパトロンであるチコニャーラ枢機卿の手下に短剣で突き刺され死んでしまう。この物語を話者から聞いたロシュフィード夫人は「人生も恋愛も嫌になった。一人にして」と言い、ザンビネッラの物語をする代わりに夫人と関係をもちたいと願った話者を拒絶する。

サラジーヌとザンビネッラのイタリアでの物語という「劇中劇」も含めて「サラジーヌ」では、ザンビネッラの去勢の場面（精神分析風に言えば原場面）を登場人物の誰も目撃していない。ロシュフィード夫人は言うにおよばずロシュフィード夫人に語る「私」も「この、イタリアではよく知られた話」を不特定の誰かから聞いたのだろうが、しかしサラジーヌさえも実は劇場にいたローマの老貴族からカストラートのことを聞かされて事実を知ったにすぎない。老貴族も「ザンビネッラにあの声を授けてやったのは、このわしですよ[1]」と言うのだが、彼自身が去勢の場面に立ちあったのか、あるいは彼が去勢という術を施したかは定かでない。つまりザンビネッラの去勢は伝聞によるものでしかない。去勢は無視しえない、重々しく受け入れなければならないことでありながらも、どこか「虚構」めいている。

にもかかわらずザンビネッラに男性生殖器官がないということは、疑いようのない事実としてロシュフィード夫人にも、「私」にも、そして何よりサラジーヌにも、確実に受け入れられてしまっている。

「不在」が「在」を強化する

この「男性生殖器官がない」という「不在」は、しかし、単なる「不在」としてのみ概念化されているのではない。去勢が行われたという「事実」が示すのは、切除が施された場所にかつては男性生殖器官（精巣）があった、そして（ロシュフィード夫人にとってはそうであるように）、今でもあるようにみえる（彼女にはザンビネッラは男性老人に映る）という、「在」という概念の存在である。「不在」はこの「在」と対になったものとして受け入れられているのである。サラジーヌにとって衝撃だったのは、ザンビネッラに女性同様、男性生殖器官がなかったということではなく、精巣はなくても今でもザンビネッラには陰茎（ペニス）があるという事実なのである。「不在」はただ不在としてではなく「在」と二項対立関係にあり、「在」を強烈に顕在化するのである。

そして「在」るものを「不在」にする去勢は、その後の二組のカップルの性関係を不成立に終わらせるものになる。あるいは二人の人間が合一になるのを二度にわたって妨げる。サラジーヌとザンビネッラ、ロシュフィード夫人と「私」である。

去勢を受け入れ（一体化するという）性関係を断念すること、去勢が在・不在という二項対立的な概念の世界を成立させること、ラカンの精神分析の思想の一端はこの二点に深くかかわっている。ただし、「去勢」も「性関係」も「サラジーヌ」で描かれたものとは大きく異なっている。ではどう異なっていて、そもそもラカンは何を論じようとしたのかを次にみていこう。

現実界と象徴界

現実界、想像界、象徴界とは有名なラカンの用語である。現実界とは私たちがふつうに言う現実の世界のことではない。それは精神病の幻覚や妄想の現れる世界のことであり、通常の現実とは違うが、通常の現実と同じくらいの生々しさ、リアルさをもつ世界である。

例えばフロイトの症例分析で有名な「狼男」（幼少のとき窓の外の木の上に、狐のようなしっぽをもつ狼たちがいてこちらをみているという夢におびえたロシア人男性）は、五歳のときくるみの木の樹皮に深い切傷をつけたのだが、そのとき突然自分の小指がばっさり切られて、この指が皮一枚でつながっているのに気づき、怖れおののく。痛みはなかったが大きな不安にとらわれ、自分の指をしばらくはみることができずにいた。気持ちが落ちついてから指をみると、何も傷はついていなかったのである。(3) 幻覚であったのに、言いようのない恐怖に襲われたほど、狼男には生々しい経験だったのだ。

現実界とは、言いようのない（impossible à exprimer）とあるように、言葉にはならないもの、記述しえないものが現れる世界なのである。ラカンが現実界を設定するのは、人間にとって現実的なことが構成されるためにも措定しておく必要がある世界だと考えていたからであろう。

これに対して私たちがふつう現実と呼ぶのがラカンの言う象徴界である。象徴界とは、言語そして言語にもとづく象徴の論理が支配する世界である（想像界については二二〇、二二二ページ参照）。

言語記号（シーニュ）はすでに第一章で簡単に述べたように、シニフィアンとシニフィエからなる。しかしラカンによれば、シニフィアンとシニフィエの関係は癒着合成（一対一対応、coalescences）(4)ではない。両者の関係にみられるのは恣意性であり、シニフィアンは特定のシニフィエと結びつかねばならないということはない。日本語の例で言えば、「うつつ」というシニフィアンは、「生きている状態」「目が覚めている状態」「正気なさま」と複数のシニフィエと結びつく。さらに「夢うつつ」と続けて言うところから転用され、「心がうつらうつらとして正気でないこと。夢心地」という全く反対のシニフィエと結びつきさえするのだ。

そしてシニフィエとは、辞書的には「語」の「意味」のことであるが、それ自体もシニフィアンとして別のシニフィエに結びつく。例えば象徴という言葉の意味は「ある別のものを指示する目印、記号」ではあるが、記号という言葉の意味がわからないとき私たちは再び辞書をひく。すると「一定の事物を指し示すために用いる知覚の対象物」とある。「知覚」「対象物」の意味がわからないときはさらに辞書をひく……というように、ある語（シニフィアン）は、別のシニフィアンへと送りとどけられるだけである。

シニフィアン同士のこの関係をラカンは換喩《かんゆ》的と言っている。(5)

シニフィアンの優位

ここからわかるのは以下のようなことである。まずシニフィアンとは全く別にシニフィエなるものが存在するのではなく、あるのはただシニフィアンであるということ。それゆえにラカンはシニフィエに対するシニフィアンの優位を説くのである。「シニフィアンのシニフィエに対する優位は、いかなる言語論においてもすでに避けられないもののようである」(6)。そしてシニフィアンと別のシニフィアンの結びつきが固定的（癒着合成的）でないのであれば、「うつつ」のように本来の「意味」とは反対の「意味」に送りとどけられることもあるように、多義的となり、例えば夢の中でみる蛇（シニフィアン）は「ペニス」を「意味する」ということもあるように、一般に言うところの象徴表現と化す。フロイトの有名な症例に登場する馬恐怖症であった五歳児のハンスにとって、重い荷物を積んだ馬の転倒は父親が死ぬことだけでなく、母親の分娩も象徴していたのである。また別の場面では馬はペニスでもあった。ハンスの症例において馬は出現したときからすでに深い両義的な性質をもっているのだ(7)。

それだけではない。シニフィエなどないのであれば、「ない」ということにシニフィアンが結びつくことも起こりうる。シニフィエと結びつくはずなのに別のシニフィアンに送りとどけられるだけというその本性ゆえに、すべてのシニフィアンはシニフィエの不在ひいては不在そのものの象徴と化す。シニフィアンという、何か「或る＝在る」ものが「ない」ことを表すことができるのである。「〇〇がない」ということを概念化できる、つまり「〇〇がない」ということが在るようになるという、「不在」の「在」化、それが言語によって可能になる象徴界の特徴なのである。(8)

「不在」を表すシニフィアンは「在る」。「在る」とともに「ない」というのがシニフィアンの特徴であるが、「或る＝在る」ことによって、「ない」という別の「或る＝在る」ことへもシニフィアンは送りとどけられている。「不在」は「在」と結びつく。そのとき、だとしたら「不在」は「在」との二項対立関係においてとらえられることになる。「不在」とは「在」の「欠如」なのである。

「サラジーヌ」のザンビネッラには精巣がない。その点では、生物学的女性との間に違いはない。しかし、「カストラート」あるいは「去勢」というシニフィアンは、ザンビネッラの身体における精巣の「不在」を精巣がそこに「在った」という事実すなわち「在」と対立させる。「不在」は「在」を喚起し、「不在」は欠如あるいは欠損・喪失である。しかし、生物学的女性の場合はそうではない。その身体にはただ何もないだけであり、「喪失」ではないのだ。このことのわかりやすい例が、フロイトの紹介する有名な糸巻きを使った「フォールト」—「ダー」の遊びであろう。

「いないいないない」—「いた」

ちょうど言葉を話し始めるようになる生後一歳半のフロイトの孫息子（フロイトの娘ゾフィーの長男）は、行儀よい性格で、母親が何時間離れていても泣いたりはしなかった。しかし時折困った癖をみせるようになった。自分の手にしたおもちゃなどの小物を、部屋のすみやベッドの下などに放り投げるのである。そのためおもちゃを探すのが一苦労になるのだが、この子は小物を投げると、興味と満足の表情とともに、「オーオーオーオー」という声を出した。この子を観察していたフロイトと母親（ゾフィー）は、この音（声）が「いない（フォールト）」を意味することで意見が一致した。この子は後日細紐を巻き付けた糸巻きを手にしていた。そして細紐の端をもち、ベッドの向こうへ糸巻きを投げ込んだのである。糸巻きが姿を消すと、子どもは「オーオーオーオー」と言い、それから紐をひっぱって糸巻きをとり出すと、満足げに「ダー（いた）」という言葉で糸巻きを迎えた。これは姿を消すことと姿を現すことでなりたつ一組の遊戯だった。実は子どもは、自分の手にすることができるもので、母親が「いないいない」と「いた」になることを自分で演出していたのである。(9)

子どもがこの遊戯を演出したのは、母親が不在になるという体験があったからである。自分が欲望する母が自分から離れることを欲望しているという、母の不在に支配された状態から、糸巻きを放り投げることによって自分が欲望する母親の不在を自分でつくり出すようになったのである。それは、子どもが言語の中に生まれる時点、すなわち環境から受けとる単語を「フォールト」―「ダー」という形で再生産するようになり、その環境の中に参加するようになる時点であるとラカンは言う。子どもは単に糸巻きを放り投げ、たぐりよせているだけではない。その行為にはフォールト（いない、Fort）とダー（いた、Da）という二項対立する言葉、あるいは「オー」と「アー」

という母音の対立が伴っていたのである。[10]

この遊戯では形をもって存在するものが不在になること、「在」の「不在」化とともに、Fortの音素（オー）はDaの音素（アー）との対立において、「不在」を顕在化（出現）させるシニフィアンであることが示されている。Fortと発声する今ここにおいて、あること（Da）は不在（ないもの）になるのである。「在と不在とを転調する音素の対から、事物の宇宙を秩序づける言語の意味の宇宙が生まれる。事物の世界を創り出すのは語の世界である」。それが象徴界なのである。[11]

この糸巻きの遊戯によって子どもは母の不在を演出する。それは母と一つになるという欲望を放棄すること、つまり自らの喪失、剝奪をひきうけることだが、同時にその喪失、剝奪を支配、克服するということでもある。しかしそれだけにとどまらない。母という欲望の対象の在と不在を予期的に誘発することの中で、対象を出現させ消失させることで、対象を破壊してもいるのである。「フォールト」―「ダー」は、自己の不在、母の不在つまりは死という限界を受け入れる主体として人が誕生する契機と言えるかもしれない。

この象徴界を統御するのがラカンによれば「父」である。「父」は、象徴界を成立させ秩序づける言語（大文字の「他者」と言われる）の象徴でもある。

> 象徴的父、それは「父の名」です。それは象徴的世界とその構造化の本質的媒介要素です。それは、いわゆる離乳よりももっと本質的な離乳、それによって子供が母の全能との双数的結

合から抜け出す離乳に必要不可欠なものです。「父の名」は、人間のランガージュ〔シーニュを秩序づける社会的体系としての言語《ラング》から個々人の言表《パロール》すべてを総評する言語活動のこと〕のあらゆる分節化に本質的です。(12)

ラカンの「父」の「介入（登場）」はフロイトの有名なエディプス・コンプレックスを前提としているので、まずそちらから述べておこう。女児に関する説明は複雑になるので、ここでは男児を中心にみていく。

エディプス・コンプレックスとは何か

フロイトは、小児が性的に成熟する以前に経験する段階を前性器体制と名づけ、さらに口唇期、肛門期、男根期の三段階に分類した。この男根期が同時にエディプス・コンプレックスの段階である。そこでは、成人と異なって両性において一つの性器、つまり男性の性器だけが重要な役割を演じている。ここで成立しているのは性器の優位ではなく、男根（ファロス）の優位なのである。(13)

子どもは愛の対象として母を選びその愛を獲得しようとする。その手段が男根であり、それは同時に父に切り取られる恐れのあるものである。自分を養育してくれる母を欲望の対象とするが、母にはすでに別の対象があり、子どもは母をこの対象に奪われると感じる。そのジレンマがエディプス・コンプレックスであり、子どもの欲望の実現を妨げる存在（母の欲望の対象）が父である。子どもと母親だけの二者一対の双数的といわれる閉じた関係に、父は第三者として介入し、二者だけの関係を壊そうとするのである。[14]

エディプス・コンプレックス状態にある子どもは、二通りの方法で性的な満足を確保する。第一の能動的あるいは男性的な方法は、自分を父親と同一視し、父の立場で母と関係を結ぼうとする。このため父親が邪魔になる。第二の受動的あるいは女性的な方法は、母親の立場に自分をおいて父に愛されることを願う。この場合には邪魔なのは母である。[15] フロイトは一人の人物においてこの両方の可能性が常に共存すると考えた。

最初の方法を子どもが選ぶと、父親から罰せられ、男根を切り取られる結果になる可能性がある。第二の道を進むと、子どもは自分を母親と同じ存在、つまり父親から男根を取り取られた存在が女性だと子どもは感じるので、女性である母同様男根を奪われた存在になってしまう。[16]

子どもが二つの方法の結果を男根と去勢に結びつけて考えるのは、男根期ゆえともいえる。男根期の子ども（男児）は性器に関心を向けるようになる。前述の症例ハンスのように、自分の性器をたえず手でいじることからもそれはわかる。そして子どもは、大人たちがこうした行為を許さないことを経験しなければならない。子どもが重要と考える男根という器官を切り取る（去勢する）ぞという脅しが加えられ、しばしばそれは父の名のもとで、つまり父親に叱ってもらうぞという脅しで実行される。[17]

去勢（男根を失う）という脅威は、現実のものとは子どもには考えられていなかったが、女児には男根がないことを知るようになると（子どもにもあくなき知的な性の探究があるのだ）、男根の喪失の脅威は現実になる。二つの道による性的満足の享受は、男根を犠牲にしてしか得られないのだ。父親という第三者の登場によって、開かれたかにみえる性的満足の二つの可能性が閉じられてしまう。どちらを選んでも、男根を失わなくてはならない。そこで子ども（男児）はエディプス・コンプレックスの実現をあきらめる。男の子は父親と同一化し、父の権威は超自我として、自我のうちに核を形成する。超自我は厳格で、（母と交わってはいけないという）近親相姦の禁止を永続化させるのである。(18)

ではラカンは、フロイトのこの理論をどう批判的に展開したのか。ラカン理論はエディプス・コンプレックスとその崩壊をどのようにみているのだろうか。

父親が介入する

子どもは母の愛を求めるが、いつもその欲望がかなえられるのではない。常に母乳を吸わせてくれる乳房が与えられないだけではなく、やがては離乳が強いられる。母親が乳とそれに伴う愛情を与えるという欲望をもたなくなったのなら、今、母親が欲望するものは何か。母親を求めるという子どもの欲望にとって母親という他者の欲望が重要な問題となる。母親には欠けている、それゆえに母親が欲望する対象とは、男根である。

エディプス・コンプレックスにおける双数的関係の中で、子どもが母親に向ける性愛的感情を、ラカンは次のように解釈した。「母の欲望が男根であるならば、子どもはそれを満足させるために、男根であることを望むだろう」[19]。

これは、母に欠けている、母が欲望する男根に自分がなることで、母と自分が一体化する状況を子どもはつくりだそうとするということなのである。「母親は子供に対して、彼女に欠如しているもの、つまり彼女のもっていないファルスへの要請とともに現れる」[20]。この男根をラカンは想像的男根（φ、ファイ）と呼んだ。

しかしこの段階にとどまるなら、つまり母子相姦的な閉じた二者関係に満足するなら、すべてはそこで終結してしまう。男性あるいは女性としての欲望を確立し他者を求め、他者とコミュニケーションするにいたらないままになってしまう。これは一種の死である。こうした恐れを打破するのが、父によってあるいは「父の名」において果たされる去勢であるとラカンは考える。

父親は、子どもに母親の男根「である」ことを禁止し、また母親にも子どもを自分の男根にすることを禁止する。そして母親の欲望が父親（夫）に向かうよう調整する[21]。これがラカンの去勢である。去勢によって子どもは母親の男根であることを禁止され、その結果、父親と同じように男根をもつこと（男の子の場合）、男根を与えてもらうこと（女の子の場合）という局面へ進むことが可能になるのである[22]。

男根であることの禁止

父と同じような男根、言い換えれば父に屈する男根を、ラカンは先ほどの想像的男根と区別して象徴的男根（Φ）と呼んだ(23)。

つまり去勢とは、想像的男根を欠如させることだが、想像的にでも現実的にでもなく、あくまで父の名によって象徴的に（シニフィアンを伴わずに）行われるのである。

> 現実的ペニスは埒外《らちがい》に置かれていた方がいいのです。父の介入が、ここに象徴的秩序とそれによる防衛、法の統治を導入します。つまり事態は同時に子供の手を離れ、別のところで制御されるようになります(24)。

> 父の介入という去勢は、身体器官である陰茎の実際の切断とは直接的関係をもたないのである(25)。しかしこの去勢が行われないのが神経症者である。「〔神経症者である〕われわれの患者にとって、彼の欲望は、男根であることだから、男根を持つことは何の役にもたたない(26)」。そのため「神経症者にとっては、男根を受けとることも〔女性の場合〕、与えることも〔男性の場合〕同じように不可能になってしまっている。〔中略〕しかし、人間は自分が男根ではないと発見した以上、男性も女性も男根をもっていることと男根をもっていないことを受け入れねばならない(27)」。去勢とは男根であることの禁止なのである。

ラカンの言う「去勢」は、したがって、去勢される精巣を象徴的な男根とみなすことができたにせよ、「サラジーヌ」におけるザンビネッラの去勢そのものとはおよそ異なるものであることがわかる。バルトがラカンの精神分析の影響を受けて「サラジーヌ」を読み解こうとしていたのであるなら、ランティ夫人を評した「去勢する女性」とは、象徴的な父（父の名）を象徴するにふさわしい女性（しかし女性であるゆえに男根を欲望＝所有する存在）として解釈することから始めなくてはならないだろう。

しかしバルトのラカン的な「サラジーヌ」解釈のあざやかさは、別の箇所にこそ現れる。

SとZの関係

サラジーヌはザンビネッラに対して、神経症的に男根期から退行したかのような欲望を抱いているかにみえる。ザンビネッラが男性にある陰茎をもたない女性だと思い込んでいたサラジーヌは、男性としての欲望をザンビネッラに抱きその充足を求めているのだから、ラカン的な意味でサラジーヌは去勢されている。しかしイタリアでは女性が舞台に立てないことを知らなかったサラジーヌは、閉ざされた思いの中でザンビネッラとの関係を妄想しているとも言え、それは母子相姦的な双数的関係に似ている。サラジーヌは、ザンビネッラの「想像的男根」であろうとしている。そしてそれによって、ザンビネッラと自分だけが一体化する状況をつくり出そうと欲望しているかのようだ。この退行をバルトは、ザンビネッラとサラジーヌが鏡像の関係にあるものとして読み解いている。「サラジーヌ」のテクストを、その表面にひびを入れるようにして細かく解釈したバルトは、分析の冒頭でまずタイトルの「サラジーヌ（Sarrasine）」に注目して、この標題が提起する問題について述べたあとに、次のように続けている。

> サラジーヌという語はもう一つのコノテーション〈付随する意味〉[28]を伴う。すなわち、フランス人ならば誰でも感ずる女性的なものというコノテーションである。女性的なものは、女性形特有の形態素 morphème として、好んで語尾のeを持つのだ。フランス語の固有名詞研究によって、男性形（*Sarrazin*）が一般に確認されている固有名詞に関する場合はとくにそうだ。女性的なもの（コノートされた〈付随的に意味された〉）は、このテキストの数箇所に定着することになる記号内容〈シニフィエ〉である。[29]

女性的なサラジーヌ（*Sarrasine*）と、男性的（男性形）*Sarrazin* の語尾のeの不在と在の対立と次に述べるようにSとZの対立にバルトの関心は向けられている。それゆえに『S／Z』という標題なのだろうか。サラジーヌという姓へのこだわりは、あとの「XLVII S／Z」でも述べられている。

> *SarraSine*、フランスの固有名詞の習慣に従えば、*SarraZine* という綴りが予想されるだろう。主体〈主人公〉sujet の姓に入るとき、Zは、したがって、何らかの罠に落ちたのだ。ところ

で、Zは肢体切断の文字である。すなわち、音声学的にみれば、Zは懲罰者の鞭《むち》のように、狂暴な昆虫のように峻烈である。図形的にみれば、それはアルファベットの丸味のある線の間にあって、真白いページをはすかいに横切って、斜めのぎざぎざした刃のように投げ出され、切断し、遮り、縞模様をつける。バルザック的観点からみれば、このZ（バルザック〈Balzac〉の名前にもある）は逸脱の文字である（小説『Z・マルカス』をみよ）。最後に、まさにここでは、Zはラ・ザンビネッラの最初の文字であり、去勢作用の頭文字である。であるから、名前の真中、肉体の中央に位置を占めた綴りの誤まりのために、サラジーヌは彼の真の本性に従い、ラ・ザンビネッラのZを受け入れる。それが欠如という傷口なのだ。さらに、SとZは図形的に逆の関係にある。それは鏡の向う側をみれば同じ文字なのだ。すなわち、サラジーヌはザンビネッラのうちに彼自身の去勢作用をみるのである。(30)

SとZの対立は、サラジーヌのうちの女性／男性という対立でもあるのだが、サラジーヌとザンビネッラの対立でもある。サラジーヌはザンビネッラに向き合うことで、ザンビネッラを去勢した刃（Z）の一太刀をあびたかのように、S（Sarrasine）になる。つまり女性（形）を身に帯びる。ここでもバルトは「去勢作用」と言っているが、しかしすでに述べたようにそれはラカン的な意味ではない。「サラジーヌ」の訳者芳川泰久が想定していたように、引用した文においてバルトがラカン的な解釈を試みていたと考えられるとしたら、ここで言われようとしていることとは、鏡のこちら側のSは鏡の向こう側ではZになり、しかもZは攻撃的であるということ、つまりサラジーヌとザンビネッラは、序章で説明した「鏡像段階」での同一化関係にあるということなのである。それは、引用文中の「鏡の向う側」という表現や、引用文のあとに続く、SとZを対立させる斜線が「鏡の表面であ」ると述べていることから読みとれる。

攻撃する鏡像としての他者

生後六カ月から十八カ月の間の子どもは、無力で運動調節能力もない状態で、ばらばらの身体感覚しかもたない。しかし、鏡の中の像が統一性をもった、まとまりのある形態を子どもに与えてくれる。それによって幼児は身体の統一性を先取りしてわがものとする。鏡の中の自分の像に自分を同一化するのである(31)。内面から支えられることに先立って、みえることによって、つまり視覚像によって自己の統一性が実現される。

しかしそのことは内面の不統一性が隠されたままだということでもある。この不統一性が視覚的レベルに映し出されると生じるのが、寸断された身体という幻想である。夢やヒステリーで垣間みえるそれは、「鏡の統一性に回収されきることのない、自己身体の未統一と無秩序の表象である」(32)。

鏡像という分身を前にして、自分という存在が曖昧になる経験をする。鏡のこちら側で動く自分が本当の自分なのか。鏡像という「他者」によって人は自我をもつことができたが、しかしこの同じ「他者」によって人は自分の存在する場所がわからなくなってしまうのだ(33)。

鏡像段階は象徴界ではなく想像界に属し、そこでは自己＝他者、他者＝自己である。Sarrazineではないサラジーヌ Sarrasine にとって、ザンビネッラはそのような他者なのである。

鏡に映る自己像は、社会関係の中で、実在する他者の視覚像に取って代わられ、他者が鏡像（分身）の役割を担うようになる。他者は理想的な自己の姿や自己の統一性という価値を自己の外部で体現しているが、それは自己の価値や理想を他者が自己の手もとから奪いとって所有していく存在となるということである。そのため、鏡の中の像ならぬ他者に同一化するということには、他者から自己への攻撃的要素が含まれることになる。(34) ザンビネッラという他者は、Zという刃をサラジーヌに向け、（鏡のこちら側にいる）サラジーヌはその攻撃を身に受けることが、Sとつづられることですでに定められていたのである。

自己の価値を奪われる恐怖

他者という分身に自分自身の意義や「持ち分」をとられること。それは、「サラジーヌ」や精神分析の現場のみにみられることではない。例えば第七章で紹介した「アサッテ君」では、まさに分身（クローン）に「攻撃」され支配されるさまが的確に描かれている。iPS細胞の登場によって、最近でこそクローンによる再生医療や不妊治療などはあまり聞かれなくなったが、クローン羊ドリーのニュースが世界に伝えられたとき、生命倫理学者や世間は大騒ぎした。そこには、分身に自己の統一性という価値を奪われるという、鏡像段階の幻想が現実的になることからくる恐れがあったのではないだろうか。

この恐れが実際の事件として現れたのが、すでに紹介した代理母ロッシュ夫人の狂言中絶事件(第七章の事件③)であろう。

ロッシュ夫人に代理出産を依頼したペーターズ夫人は、それまでに五度流産し、人工授精も十六回試みたが、出産にはいたっていなかった。[35] しかし彼女は母になりたかったのだ。ロッシュ夫人が代理母としてペーターズ氏の子を無事妊娠・出産して、代理出産の契約通りに自分たち夫婦に子どもを手渡してくれれば、ペーターズ夫人は夫の子の母になることが可能だったはずなのだ。夫の精子を使って親になるという一連のプロセスの欠けた部分(しかし最も重要な部分)を補ってくれるのが代理母であり、ロッシュ夫人とペーターズ夫人は、妊娠・出産という役割と、その後に続く育児という役割を分担するという関係にある。連続した(それゆえに近接的・接合的な)関係を換喩(メトニミー)的関係と構造主義は呼ぶが、ペーターズ夫人はロッシュ夫人と換喩的に同一化していたのではないだろうか。自らが母になるための分身がロッシュ夫人だったのである。

それだけではない。代理母となったロッシュ夫人は夫との間にすでに二人の子どもがいた。ペーターズ夫人にとってロッシュ夫人は、自分が果たせなかったことを首尾よく達成していただけに、そうなりたかった自分を映し出す鏡像としての他者でもあるのだ。

しかしペーターズ夫人は、夫人にとっての鏡像であり分身だったロッシュ夫人に自らの価値、存在意義を奪われてしまう。ロッシュ夫人は代理母ではなく「代替して」母になったのである。ロッシュ夫人の中絶が狂言とわかったとき、ペーターズ夫妻は「あの女は悪魔だ」「女以下、人間以下」と新聞に語った。[36] 夫妻にとってそれは悪夢のような（神経症をひき起こしかねない）体験であっただろう。

他者が鏡像として自己の統一性を映し出してくれることすべてが問題を孕んだ関係であるわけではない。それが自己に安心を与えてくれる限りは愛の関係とも言えよう。しかし新宮一成《しんぐうかずしげ》が述べているように、「私のあるべき統一的な姿は、他人の中に囚われている」のであり、その「同じ他人が私の統一性を囚え占有していると感じられるときはそれは憎しみの関係となる」[37]のである。鏡像としての他者への囚われの関係が想像界であるが、それは人が象徴界に移行しても完全には取り去ることができない。[38]

第二部では、フーコーが権力を、人をからめ取る網の目のような関係作用としてとらえていること、そしてそこから逃れられないにせよ、それを相対化するために、内部に差異を抱え込み他者を巻き込もうとする関係として、自己あるいは主体を構想しようとしたことをみてきた。ついで同様の思考がバルトにもあることを探り、さらに彼らとの対比でラカンの思想の一端を紹介した。

第二部のこの主題が、構造主義の四銃士の残りの一人レヴィ＝ストロースとどうつながるかを次の第三部ではまず考えていく。そしてそれを踏まえて現代世界において構造主義がもつ意義について述べてみたい。

第三部
今こそ読み返す

第十二章●人を喰う社会と人を吐き出す社会

自らが属する西洋を批判し相対化するとともに、西洋がかつて「野蛮」とみなした社会には傾聴に値するモラルがあることを主張したのが、レヴィ＝ストロースであった。彼について述べる前に、今日におけるその継承をまず確認しておこう。

デッコラによる世界観の四類型

コレージュ・ド・フランスでレヴィ＝ストロースの後継者となったフィリップ・デッコラ（一九四九―）は、自己が環境や他者などさまざまな非自己を経験するのに用いられる説明やその組織化を、四つの類型によって考察しようとしている。[1]

デッコラは、まず個としての人間には身体性（身体的活動を可能にする素質、phisicality）と内面性（自らを内省する性質、interiority）が備わっていることを前提とする。身体性と内面性は西洋哲学のみの構築概念ではなく、文化ごとに多様な人格概念に共通して認められるものであり、心理学的に言っても種としてのヒトに先天的に備わっていると考えられる属性である。

この前提から出発して、世界についての情報をいっさいもたない主体を仮想し、そうした主体が、（自己と、世界に内在する対象との類似性と異質性を、外見や行動から探るメカニズムという意味での）同一化のプロセスを通じて環境の「地図をつくる（chart）」とき、身体性と内面性をどのように利用するかという思考実験を試みる。このとき身体性と内面性しか主体にはないとしたら、主体が行う対象の同一化は以下の四タイプに分けられるとデッコラは言う（表12−1）[2]。

表12-1　デッコラによる人間と世界の関係の四類型

	身体が類似	身体が非類似
内面性が類似	トーテミズム	アニミズム
内面性が非類似	ナチュラリズム	アナロジズム

Descola, *Beyond Nature and Culture*, Reichel-Dolmatoff, *Rainforest Shamans*, ch.1. p.122 より

①対象が自己と同じような身体性（p）と内面性（i）をもつ場合（p+、i+）、②身体性も外面性も全く異質である場合（p−、i−）、③身体性は異なるが同じような内面性をもつ場合（p−、i+）、④身体性は類似するが、内面性は異なる場合（p+、i−）。デッコラは、それぞれに①トーテミズム、②アナロジズム（analogism）、③アニミズム、④ナチュラリズム（naturalism）という用語を与えている[3]。

トーテミズムでは、人間もトーテム種（ある集団の紋章となり摂食を禁止されるなど、人間と特別な関係にある動植物）も身体性と内面性という両属性を共有しており、カンガルークラン（クランは「氏族」の意）のアボリジニーは、カンガルーを祖先とみなし、自

分たちとよく似ていると話したりする。カンガルーと人間は身体性と内面性の配分が異なるだけである。

アナロジズムとは、世界内存在すべてが、質料・形相・本質において互いに微細に異なって断片化しているが、中世やルネサンスの宇宙論的モデルとなった「存在のおおいなる連鎖」や古代中国の陰陽思想の二元化的モデルによって、類比的（アナロジカル）につながっているという考え方を指す。世界の構成要素が細かな不連続によって分離していることを認めながらも、そのことへの不満から、構成要素が類似と互いのひきよせによってつながって全体を完成させることを夢想するものである。

アニミズムとは精霊に対する信仰のことであり、草木虫魚や物にも霊魂の存在を認める。しかし、人間と例えば動物の身体は決して同じではない。つまり、人間と周囲の自然（草木虫魚）の間に魂の連続性と身体の不連続性を認める考え方である。

ナチュラリズムは、十七世紀以降の西洋において中心的な存在論に相当する。自然の実在物（entities）は、その存在と発達を、偶然や人間の意志の働きかけとは無関係な外部の原理に負っていて、世界とは、何事も原因なしには生じないという秩序と必然の原理がとりしきる場なのである。例えば動物は、外部の原理に拘束される身体性を人間と共有しながら決して内面性は共有しない。しかしナチュラリズムが、自然と対になる人為的な技巧（artifice）と自由意志の世界を伴い、そこでは人間は記号、規範、財の生産者としてその想像力を行使することになる。自由な人間が法則性に支配される自然のメカニズムを解明するために、諸科学の研究施設が十九世紀以降の西洋世界で設立されてきた。

ナチュラリズムが絶対ではない

デッコラのこの理念的モデルは、もともと彼が調査した南アメリカのアチュール族の「人間と動物」観（トーテミズム）を再考するために考案されたものだが、自己と自然（動植物種、環境）、他者との間の連続性・不連続性を、身体と内面性という二つの要素の有無の配列によって分類するというこの手続きは、音韻論の分析手法を応用したレヴィ＝ストロースの流れを汲み、きわめて構造主義的である。

音韻論は音素を出発点に置く。音素はある言語音（例えばbed）を別の言語音（bet）から区別する音声的な基本単位である。bed（ベッド）とbet（賭け）は/b/という子音と/e/という母音を共有するが、語尾の子音が/d/と/t/であり、異なる。この違いによって二つの語は全く意味の異なる語になる。

第二次世界大戦中、ユダヤ人であるためニューヨークに亡命していたレヴィ＝ストロースに大きな影響を与えたロマーン・ヤーコブソンは、音素をさらに小さな単位である「弁別素性」に分割し、それをもとにした弁別体系を明らかにした。例えば/b/は/p/と/m/同様に両唇音であり、/p/と同じく口腔音だが/m/のように鼻腔音ではない。/m/と同じく有声音だが、/p/のように無声音ではない

表12-2　ヤーコブソンによる英語の素性行列

	o	a	e	u	ə	i	l	ŋ	ʃ	tʃ	k	ʒ	dʒ	g	m	f	p	v	b	n	s	θ	t	z	ð	d	h
1. 母音性／非・母音性	+	+	+	+	+	+	+	−	−	−	−	−	−	−	−	−	−	−	−	−	−	−	−	−	−	−	−
2. 子音性／非・子音性	−	−	−	−	−	−	+	+	+	+	+	+	+	+	+	+	+	+	+	+	+	+	+	+	+	+	−
3. 集約性／拡散性	+	+	+	−	−	−		+	+	+	+	+	+	+	−	−	−	−	−	−	−	−	−	−	−	−	
4. 低音調性／高音調性	+	+	−	+	+	−									+	+	+	+	+	−	−	−	−	−	−	−	
5. 変音調性／非・変音調性	+	−		+	−																						
6. 鼻音性／口音性								+	−	−	−	−	−	−	+	−	−	−	−	+	−	−	−	−	−	−	
7. 緊張性／弛緩性									+	+	+	−	−	−		+	+	−	−		+	+	+	−	−	−	+
8. 継続性／中断性									+	−	−	+	−	−		+	−	+	−		+	+	−	+	+	−	
9. 粗擦性／円熟性									+	+	−	+	+	−							+	−	−	+	−	−	

表12-3

	身体性	内面性
トーテミズム	+	+
アナロジズム	−	−
アニミズム	−	+
ナチュラリズム	+	−

というように、/b/という音素はさらに小さな要素からなりたっていることがわかる。ヤーコブソンはこれらの「弁別素性」[4]の有無を二項対立によって表し、表12－2のような＋と－が配列された体系表をつくりあげた。これにならって、デッコラのアニミズム、トーテミズム、ナチュラリズム、アナロジズムの配列表（前出、表12－1）を書き換えると表12－3になる。

近代科学と深く結びつくナチュラリズムの＋と－の配列を逆転という形で「変形」すれば、アニミズムになる。アニミズムはナチュラリズムがとりえた別の姿かもしれず、そうでなかったにせよ、どちらも自己が世界と結ぶ関係の様態としては同次元に位置するのである。だとしたら、ナチュラリズム的思考様式を身につけていると想定している今日の私たちであるが、ナチュラリズムが唯一絶対的なものであり、ほかはとるに足りないと決めつけることはできない。デッコラの構造主義は、他者や世界に対して謙虚にふるまうことを教えてくれるものでもある。

しかし、自己の前に他者や世界を置くというのは、そもそもレヴィ＝ストロースが描くアメリカ大陸先住民の思想であり、教えでもあった。

脅威に対して寛大にふるまう

『食卓作法の起源』（『神話論理』第三巻）の終わりに、レヴィ＝ストロースは近代西洋が「未開」と呼ぶ社会の神話には、一つのモラルが内包されていると述べている。神話で語られている食卓作法（ゆでた臓物を食べるときには音をたてること）の起源にあるのは、世界や他者という外部への敬意であり、世界を生きるための知恵なのである。

アマゾン川流域の先住民デサナ族の考え方では、世界とは恒常性を保とうとするホメオスタティックな体系であり、エネルギーの放出量と入力量が直接結びつき、両者が同一（一定）になるように調整・維持されている。

生活圏（生物圏）の中でエネルギーの供給源は二つある。一つは個人の性的エネルギーで、それはさまざまな禁止条項によって規則的に抑制されなくてはならない。このエネルギーは世界全体のエネルギーの備蓄庫（中心地）に戻っていき、すべての生命体的要素へと放出される。もう一つの源泉は人間の健康と幸福である。それは厳しい食餌制限によってもたらされ、宇宙の中の非生命体的要素に必要なエネルギーをつくり出す。天体の運行を可能にするのもこのエネルギーである。

このように、各個人はエネルギーの相互作用の複雑なネットワークを構成する一要素でしかないことを自覚している。この相互作用は社会的領域だけでなく、均衡に向かおうとする宇宙全体においても生じている。宇宙の資源はしかし有限である。このことが一人一人に倫理的責任を課すことになる。均衡を保とうとする宇宙は体系としては脆弱《ぜいじゃく》なので、全体的な均衡を乱さないようにしなくてはならないし、儀礼的手続きによってエネルギーをすばやく回復することなくしてエネルギーを使ってはならないのである。デサナ族にはシャーマンがいるが、彼は人間の生業活動（採集、狩猟）が、非人間の再生産を危機に陥らせることのないように、人々の活動に介入してくるのであ

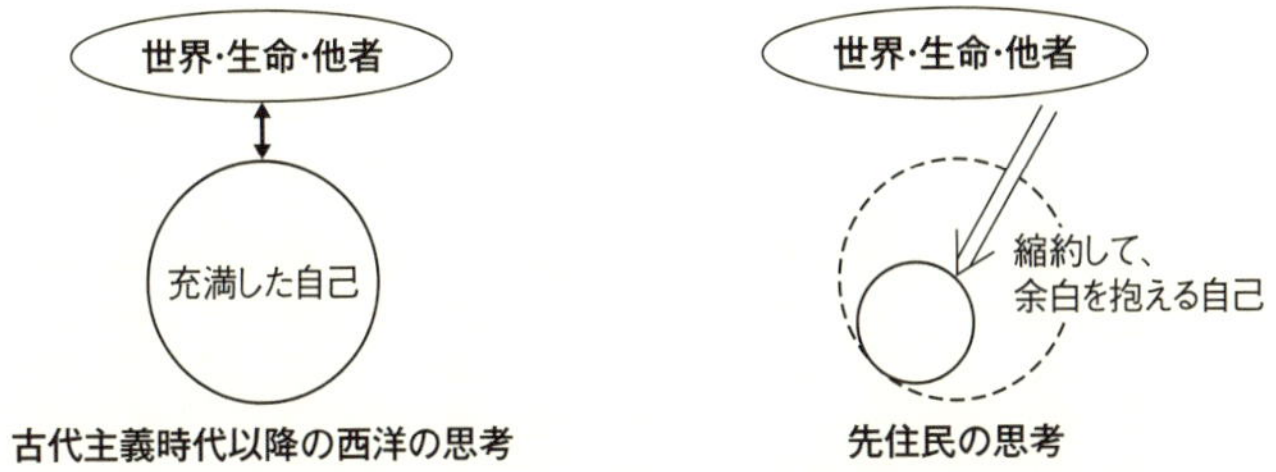

図12-1 「他者」への配慮のあり方

る。(5)

正しい人間主義は、自分自身から始めるのではなく、人間のまえにまず生命を、生命のまえには世界を優先し、自己を愛する以前にまず他の存在に敬意を払う必要がある、というべきではないだろうか。人類であれ何であれひとつの生物種が、たとえ二百万ないし三百万年のあいだこの地上に生きることができたからといって、結局は死滅する時をいつか迎えるのであってみれば、この地上をひとつの物体のように恣《ほし》いままにし、恥も慎みもなく振る舞うことが許される口実とはならない、ということが必要なのではないだろうか。(6)

『食卓作法の起源』をしめくくるレヴィ＝ストロースのこの文章は、今から半世紀近く前に書かれたとは思えないほど、現代に生きる私たちにも説得力をもって響く言葉ではないだろうか。

他者や世界に対して謙虚になるということは、自己を前面におし出さず一歩身をひくこととも言えようが、自己の領分を独占せず自らで充満させないことと表現してみるなら、それは自己を縮約させ、今まで自己が占めていた領分に余白をつくり、他者、生命、世界を受け入れるということであろう（図12－1）。個人が、というより集団や社会がこのようなあり方を示す場合を、レヴィ＝ストロースにちなんで「アントロポファジー」（人間を喰うこと）の慣行をもつ社会と呼ぼう。(7)

『悲しき熱帯』では、アントロポファジーは「脅威となる力をもつ個人を食ってしまうことがその力を無力にし、さらに活用しさえするための唯一の方法であると看做《みな》している社会」と説明されているが、この事例としてあげられている北アメリカの大平原インディアンの民族誌も含めて考えるなら、犯罪者を社会の異物、脅威ある他者として集団から永久に排除したり社会の隔離された領域に追いやるのではなく、彼らに対して寛大にふるまおうとする社会のことである。

規律権力のはたらき

逆に、脅威となる存在を社会から外へ追い出そうとするのがアントロペミー（人間を吐くこと）の社会である。犯罪者や「精神異常者」をもはや自らの一員ではない者とみなし、脅威ある存在として、監獄や精神病院という施設に隔離し、人間と接触させないようにするのである。アントロペミーでは、自己（われわれの社会に属する人間）はアントロポファジーのように縮約するのではない。

『監獄の誕生』やコレージュ・ド・フランスの講義『精神医学の権力』（一九七三—七四年度）、

『異常者たち』（一九七四―七五年度）は、フーコーがアントロペミーとしての西洋社会をとりあげた仕事と言えよう。

十七世紀から十八世紀にかけて西洋では「規律権力」が広く社会に浸透し全体を覆ったとフーコーは述べている。(8)

フーコーが規律権力と呼ぶものは、君主的権力と対置される。それは、個人の身体、身振り、時間、行動様式を完全に捕獲し占有しようとするという特徴をもつ（例えば十七世紀中頃以降、軍隊では、兵士が一日中、軍事行動の間ずっと軍隊によって、その身体、生活、時間を占有・拘束されるようになった）。さらに規律権力では、監視によって人はたえず誰かの視線のもとにあり、連続的に管理されるようになる。最後に規律はイゾトピー的である。イゾトピー的であるとは、あらゆる構成要素を序列化して配分し分類するということだが、規律の装置においては、軍隊における階級や、学校における異なる年齢層の間の明確な区別、各年齢層（学年）における各人の（成績）順位の明確な区別のように、各々の要素がしっかりと定められた場所をもっていて、下位にある要素と上位にある要素が存在する。

規律権力による配分分類、同時にそれは残滓《ざんし》つまり分類不可能なもの、同化不可能なものを生み落とすということでもある。例えば脱走兵は、軍隊に規律が与えられる以前には存在しなかった。しかし脱走兵とは単に一時的に軍隊を離れた者で、望むときに軍隊に戻ってきた者でしかなかった。しかし、「軍隊に規律が与えられて以来、つまり、人々が軍隊に入り、それを一生の職業として一定の段階を経て昇進し、最初から最後まで監視されるようになって以来、脱走兵は、このシステムを逃れる者、このシステムに還元することの不可能な者となる」のである。[9]

精神を患う者は、分類し、序列化し、監視する規律システムが生み出す残滓の最たる者である。彼らは「学校や軍隊や警察などといった一つの社会に見いだされうるあらゆる規律に同化不可能な者である」。[10]

つまり、規律システムが序列や配分、監視によって「正常化《ノルマリザン》＝規範化を行うものである限りにおいて、必然的にその余白に、排除によって、残滓として、多くの異常性《アノマリー》、非合法的行為、規則違反を生み出して」いたのだ。精神病者は、十九世紀を通じて、両親、家族、友人から完全に切り離され、精神病院で「無縁の世界」に置かれていたのである。[11] このように十七世紀から十八、九世紀にかけての西欧社会がアントロペミーの社会であったことをフーコーは明らかにしているようにみえる。事態はしかし単純ではない。

「封じ込め」モデル

コレージュ・ド・フランスの講義『異常者たち』の中で、フーコーは二つの分析モデルを提示している。第一は〈共同体の浄化のため癩《らい》病〔ハンセン病〕者を共同体の外の世界へ追放するという〉中世にみられる癩病患者の「排除」モデルである。狂人、病人、犯罪者、社会からの逸脱者に対してこの型のメカニズムは、排除、価値剝奪、追放、排斥、没収、拒否など、ネガティヴなものとして記述されてきた。しかしこれとは別にペスト患者の「封じ込め」モデルというものがあり、ペストの発生を宣言された地域は封鎖され、細心の網羅的警備と全く中断のない監視の対象となり、観察されたことがらは細かく記録され、綿密に分析されたのである。

ペストにおける問題は排除でも追放でもなく封じ込めであり、距離を置くことでも、接触の断絶でも、周縁化でもなく、「近くから」「ますます恒常的かつ執拗に観察すること」が重要となるのである。西欧においては十八世紀に癩病患者の排除モデルがペスト患者の封じ込めモデルに取って代わられたとフーコーは述べている[12]。この「封じ込め」のように、浄化ではなく「健康な住民集団の産出」のための管理モデルが、フーコーが提唱して有名になった、いわゆる生‐権力ということにほかならない。

例えば十九世紀を通じて大きな問題だったのが「異常者」であるが、「異常者」は大別して、①怪物的人間（奇形、両性具有など）、②矯正すべき人物、③自慰する者に分けられる。このうち③をみてみると、十八世紀にイギリス、ドイツ、フランスで一斉に子どもの自慰の禁止、撲滅が至上命令とされ、自分自身の身体との関係が由々しき問題として政治的権力によってとりあげられたのである。自慰する子どもの両親の責任が問われ、親は義務として子どもに対して一層の目配りをすることが求められた。それだけではない。さらに撲滅運動というキャンペーンと医学的知識の普及という形で、外部の規律権力が家庭の中と子どもの身体におよんだのである。自慰する異常者は、社会の外へ排除、追放されるのではなく、社会の中で監視され、矯正されようとしたのである。家庭は封鎖され、医学的合理性によって包囲された[13]。

このようにみていくと、アントロペミーは中世の「癩病患者の排除」モデルにのみ相当し、十八世紀以降の「ペスト患者の封じ込め」モデルにはあてはまらないかのようだ。

しかし共同体の物理的空間の外へ排除することだけがアントロペミーの特徴ではない。脅威となる存在を、人間と接触させないで、隔離するというのもアントロペミーの選択の一つである。異常者は外部に追放されないにせよ、隔離され封じ込められる。精神病者は、精神病院という「無縁の世界」へと切り離される。彼らは規律化＝正常化の対象となる。隔離されることなく、矯正されることもないまま、彼らがほかの「正常な」人々と交流することが認められているわけではないのだ。彼らは抹殺すべき敵ではないが、それでも監視すべき脅威＝敵であり、彼らから「社会は防衛されなければならない」。敵は内側に存在し続けるのである。「ペスト患者の封じ込め」モデルもアントロペミーなのである。したがって西欧は、モデルの変更にもかかわらず、変わらずアントロペミーの社会だったのである。

だとしたら、社会が他者とみなす存在にどう対処するかについて、レヴィ＝ストロースとフーコーは二項対立的に異なる社会のモデルをとりあげていたのであり、フーコーは自らを構造主義者ではないと言い続けてはいるが、レヴィ＝ストロースとフーコーの関係そのものが構造主義的と言えるだろう[14]。裏返せば、西欧の権力の批判と相対化はレヴィ＝ストロースの構造主義にも無縁ではなかったのだ。そしてフーコーが他者を巻き込んだ自己という、十八、九世紀とは異なる主体のあり方を西洋の古代に求めたように、レヴィ＝ストロースのアントロポファジーにも、関係論的人格概念がみられる。

他者を俟つ

アントロポファジーの社会に全く隔離がないわけではない。共同体のルールに背いた者は集団の外へ追放される。しかし北アメリカ大平原地帯のシャイアン族では、違反者が穏便に共同体に復帰できる機会をうかがっているように思われる。アントロペミーに特徴的な監視、管理というまなざしではなく、寛容というまなざしがアントロポファジーにはみられる。(15)

アントロポファジーの社会の特徴とは、このように自己がその場の一部を自己ならざる他者のためにあけて俟っている社会だと規定できるのだが、その場合の他者とはすでに見知った同じ共同体の一員だけでなく、いずれ到来するかもしれない見知らぬ他者でもありうるのだ。

南アメリカ大陸先住民の神話では、先住民と白人は創造神から生まれた二卵性双生児のような存在として語られている。先住民は世界を自分たちだけのものとは考えておらず、自分たちとは異質の存在（二卵性双生児のかたわれのような存在）を想定していたのである。(16)

ペルーの先住民社会を調査するイギリスの社会人類学者ピーター・ガウは、スペイン人到来時にウカヤリ川支流に居住していたコカマ族の末裔とおぼしき男性が語った神話を紹介している。

洪水のあと、男が水浴びしていると、洪水の泥で体がよごれたイエス・キリストがやってきた。彼は水浴びしている男の姉娘に泥を洗い流してくれと頼むが、彼女は「なぜ私がこんなきたない男の体を洗うの」と拒否した。妹娘が体を洗い流すことを申し出て、そのお返しにイエスは妹娘を聖母（Virgin）に選んで天に昇らせた。拒否した姉をこらしめるために、聖母は川に疥癬《かいせん》を残した。その日から黒疥癬が存在するようになったのだ(17)。

ガウはこの神話を単なるシンクレティズム（宗教の混淆《こんこう》）とか、先住民が白人に征服されキリスト教を受容しながらも、貧しい境遇に追いやられた状況を反映する物語と単純に考えてはならないと述べている。レヴィ＝ストロースの分析にあるような先住民と白人がペアで登場する神話の一バージョンがこの神話であり、ガウに従うなら、さしずめ疥癬の起源を説明する神話に白人（イエス・キリスト）が占めるべき場所をあけて俟っていたということになるだろう。

ヨーロッパ人が新世界の目新しさを真剣に受けとるはるか以前から、メキシコ、ペルー、ブラジルの先住民たちは彼らのコスモロジーにヨーロッパ人をとり込んでいたのである(18)。

ヨーロッパ人の到来以前からヨーロッパ人の存在を知っていたというより、世界にいる自らとは異なる他者を自らとは異なる白い皮膚の人間として、先住民は表象していたのだろう。そして「白い人」が実際に現れたとき「インディアンが白人を腕を広げて迎えたことは、歓迎されたことに驚いたコロンブスの証言にも明らかです。征服者たちの態度はまさに正反対でした(19)」。

ヨーロッパ人は自分たちが住む場所のみが「世界」だと考えていた。そのため、アメリカ大陸が発見されたとき、そこは単なる新大陸ではなく「新世界」であり、そこに住むインディオが自分たちと同じ人間かどうかがおおいなる謎だったのである。そして人間であることがわかっても、他者として遇するのではなく、自らに服従、同化させようとしたのだ。

双子の思想

一方、自らのスペースを他者のためにあけておくという先住民の思想は、アントロポファジーの社会では、社会や集団レベルだけではなく、個人（個体）レベルでもみられる。イロクォイ部族連合を構成するセネカインディアンには、一人の男が二人になり、また一つに戻る神話があるが（終章参照）、二人の人間を貼り合わせて一つにしたという神話が新世界には存在する（ここでも「双子」が関連してくる）。

末弟を愛した女が、村人から置き去りにされたことを怒り、火事を起こし、末弟を含め兄弟たちを焼き殺した。女の母は生き残り、息子の嫁の死体から、孫である男の子と女の子の赤ん坊を取り出した。女の子がそのおばのように邪悪にならないよう（兄弟を愛することのないよう）、祖母は孫たちを樹脂でくっつけ、頭が二つある一人の男にした。そして祖母は孫息子に自分の影をみないように、また空に矢を打ちあげないよう助言した。男の子はそれに逆らい、あるとき空にむかって矢を放つが、それが落ちてきて彼を二つの身体に分離した。[20]

北アメリカ西部のクラマス族のこの神話では、セネカ神話とは対称的に、二人が一人に、そしてまた二人になるのだが、個の存在は双子のような対（ペアー）の一方として想定されているとレヴィ＝ストロースは述べている。

北アメリカの北西部に住む先住民クテナイの神話に登場する文化英雄（さまざまな事物、制度などをもたらす神話上の人物）であるヤウケカムが幼い頃、祖母のもとで暮らすよう母に言われた。祖母は寝ていたが、目覚めると、孫が家の中に入ったあとが残っていた。しかし彼女もほかの誰もこの孫が男か女かわからなかった。そこで弓と籠《かご》のおもちゃを用意して再び眠りについた。その間に戻ってきた孫が選んだもので、孫の性別がわかるのである。

まだ生まれていないもの、あるいは生まれていてもまだみたことがないものは、ヴァーチャルな（仮象の）存在であり、その性別ははっきりしていない。一つの存在は、性別において男でもあるし女でもあるとみなされていて、その意味で性は二重化している。生まれたとき、あるいは人前に現れたとき、この曖昧さは解消されるが、それまでは二重の性を想定された存在が、どちらかに決まったあとの存在にとっては（それ自身にとって）、双子のような存在だと言えるのである。(21)

双子であることは、クラマス神話の貼り合わされた子どもが二つに引き離されるように、分割（分裂）という観念と結びついている。胎内の多胎児たちも先をあらそって母の体外に出ようとし、自然の産道をたどる代わりに、母の体に裂け目をつくり、そこから逃れ出るという伝承もある。(22)個も双子的であること（性の二重化）によって、分割をうちに孕んでいるのなら、個は dividual（分割可能）であって、individual（分割不可能）のままではないのである。これは西洋の人間観と大きく異なるものである。

アメリカの著名な人類学者クリフォード・ギアーツ（一九二六―二〇〇六）は、西洋における人の概念を次のように述べている。

人とは、境界明瞭で唯一独自、動機づけと認識にかかわる多少とも統合された領域であり、独自の全体として組織化される意識と感情と判断と行為の動態的中心である。それは同じような全体や、社会的・自然的背景に対置される。[23]

人は双子であることによって、あるいは双子になることによって、境界明瞭で統合された全体ではありえなくなってしまうのだ。新大陸先住民の神話においては、「あらゆる単一性は、その内に二元性を含んでいる[24]」。

ヒバロの「横顔」

レヴィ＝ストロースが『やきもち焼きの土器づくり』でその神話を分析したエクアドルの先住民ヒバロ族では、他者との関係を内面化させているという意味で、人とは二元性を含んだ分割可能な存在（dividual）であるとフランスの人類学者アン＝クリスティン・テイラーは述べている。ここでいう他者との関係とは、眺める者とかつて敵だった眺められる「もの」のさまざまな関係性のことである。

分割可能というこの観念は、戦いの宴で使われる戦利品に現れている。戦利品とは、戦いで切断されそしてひからびさせられた首である。通常はツァンツァ（tsantsa）と呼ばれる敵の首は、一人の人間としての特徴を奪われるが、敵の顔の表象であることはわかる。[25] この首を表す儀礼用語は「横顔（側面、ミシャ〔misha〕）」という。顔の右側と左側に顔が「二分化」され、それぞれの側から眺められるというパースペクティヴの複数性が、「横顔」という語でほのめかされているのである。[26]

顔とは何よりもまずみられるものである。人の存在を顔として表象するということは、顔をまなざす他者という存在を想定しているということである。しかもその顔が正面ではなく側面であるというのは、右側面をまなざす他者の位置と左側面をまなざす他者の位置の差異を浮かびあがらせることである。横顔つまり顔の二側面への分化とは、（まなざす）他者との複数の関係性を伴っている。

このことからわかるように、dividualが人格の観念において重要なのは、個（単一性）がさらに二もしくは複数の要素を含んでいるということにとどまらず、関係性として個や自己がとらえられているということである。それは自己のうちに含まれる他者が「白人」として表象されていなくても、あるいは他者との関係の包含が顕在化していない場合でも、自己とは関係性なのだということでもある。

差異化し、他者となる自分

このことをレヴィ＝ストロースは、自己が自らとの間で行うコミュニケーションとして示した。『神話論理』以前の神話の構造分析として著名な「アスディワル武勲詩」への補遺や「神話と失念」において、失念（もの忘れ）とは、自己とのコミュニケーションの欠如であり、他者とのコミュニケーション欠如である誤解と、他者とのコミュニケーション過剰である口の軽さとともに神話の中で一つの体系をなすと述べている。コミュニケーション不全は他者との関係においてのみ生じるものなのではなく、同様に自己の「間」でも生じるのであり、「覚えていた自分」と「忘れてしまっている自分」に自己は差異化され、忘れてしまった自分自身は他者と化すのである。[27]

異質な存在である他者を含む自己や、差異化され関係性として存在する自己は、バルトが『ラシーヌ論』で、そしてフーコーが古典古代とりわけローマのストア哲学の解釈で示したものに対応している。ギアーツが定義した西洋の人間の概念とは異質の観念を、レヴィ＝ストロースは新世界の先住民に見いだした。これに対して、バルトとフーコーはその観念を、自らの西洋のより近い過去とより遠い過去の中に求めたと言えるだろう。

第十三章●分人論を先取りし、のりこえる

個人は分けられないのか

芥川賞作家の平野啓一郎は、３・11の震災を期に、人間の生死を、存在しているということから考え直し始め、そこから人間同士の結びつきを「個人」ではなく「分人」としてとらえることを考えるようになったと述べている[1]。

個人とはindividualの訳語だが、individualはもともと、これ以上分けられないという意味であった。しかし、ヨーロッパではキリスト教の影響（完全にして一なる存在に向かい合うときに人間も分けられない一なる存在でなくてはならない）や論理学の発展（それ以上分けられないものが個体である）によって、近代になると、個人を意味するようになった。社会が近代化し階級制度・身分制度が崩壊し始めると、社会を構成する最小の単位として、もうこれ以上分けることのできない個人という考え方が出てくることになる。

国家や共同体という大きなまとまりがあって、それはさまざまな単位（都市、村落、近隣区域、家族など）に分割、細分化されていくが、分けることができない、分けても意味がない存在が個人

なのである。

しかし、もう分けることができないのが個人individualであるという考え方は、裏を返せば個人と個人の間は分けることができるということでもある。そうではないのではないかと平野は考える。他人との関係によって個人も分けることができる。そのことを平野は分人dividualという語で表している。

例えば人は親や家族といるときと、友人や恋人といるときとでは、別々の顔になっている。友人といるときには友人とうまく関係を築く上で必要な顔、恋人と接するときには恋人に影響された顔になる。

つまり場合に応じて人はさまざまな顔（表情、雰囲気、しぐさ）をもっているわけだが、このことを、役割に応じてふるまっているとか、いわば演技しているととらえてはいけない。そうした考えは、分割不可能な個がときと場合に応じてさまざまな仮面をとっかえひっかえするという、機能主義的な古典的社会人類学の焼き直しでしかない。そうではなく、周囲の他人の影響を受けながら、それぞれの自分に人はなっているし、なっていくのである。半分はこの友達による自分であったり、半分は父親のおかげでかくある自分になっているというわけだ。平野は述べていないが、フーコーが言うように、自分が設定する目標・理想としての自己の影響下で、かくかくしかじかの自分になっているということもあるだろう。

このように、他者との関係に応じて、関係の違いによって、個人はさらに分割されていく。つまり、さまざまな顔をもつことになる（ヒバロ族の「横顔」と呼ばれる首を想起されたい）。しかし、家族、友人、恋人との関係性は、分けることができない。こうなっている自分自体は友人とセットであることによってこうなっているわけであり、それが分けられるとしたら、この友人がいなくなってしまうということだろう。そのとき、この友人にみせていたこの自分というものは「もう二度と生きられない」。

つまり人間というのはいろいろな顔を持っているけど、それは勝手に自分がつくっているのではなくて、いつも対人関係とのセットでできているわけです。ですから、例えば今回の震災でお子さんを亡くした方の悲しみというのは、もちろんその子がさっき言ったように消滅してしまうということは悲しいですけど、その子と一緒のときだけ生きていられた自分というのが、もう生きられなくなってしまうというところに、実は人の死の悲しみがあるのではないか、ということです[2]。

他者との結びつきがなくなってしまったら、人はいろいろな自分をいきいきと生きていくことができない。さまざまな他者がいるからこそ、自己はさまざまな自己として自己たりうることができるのである。自己とは他者との関係性において生起するものと言えよう。

だとしたら、絆とか社会のつながりの回復が叫ばれるとき、求められるべき重要でより根源的なことは、愛国心などといった「大きな価値観の中に個性を押し殺して、共通化していって結びつきを取り戻すんではなくて、それぞれの対人関係の中での小さなつながりの中で、この人は存在しないと困るという結びつき」(3)を回復することだと、平野はまとめている。

「いろいろな人がいるからこそ自分というのはこういうふうにいろいろな自分を生きられるんだと考えますと、人間というのは他者との結びつきというものがどうしても必要」(4)という平野の「分人」の思想は、これまで述べてきたレヴィ＝ストロースやフーコー、バルトの思想に通ずるものがある。レヴィ＝ストロースの説くアメリカ先住民の、他者を俟つ自己という思想の意義は、他者との関係性がなくなるといきいきとした生を自己は生きられないという平野の分人の考え方に照らしてみると、より理解しやすくなるし、より身近に感じられるのではないだろうか。

平野自身は小説は別にすると分人について哲学的議論をこれ以上展開しているわけではない。しかし3・11以降、絆をつくりあげていくことが求められており、その意義をさらに深く考えることが必要である。そのとき、二十世紀後半のレヴィ＝ストロースやフーコーの思想に学ぶべきところは大きい。

メラネシアの分人あるいは変わりうる性別

平野より早く分人（dividual）という人間観を提唱していたのが、第七章で紹介したイギリス人の社会人類学者マリリン・ストラザーンである。(5)

ストラザーンの文章は、彼女が意図的にそうしているのだが、議論を論理的に展開しておらず、きわめて読みにくく難解である。というよりほとんど理解できない。以下に述べるのは、ストラザーンその人の著作と同様あるいはそれ以上に人口に膾炙しているストラザーン論を私なりにまとめたものであり、マリリンその人からは「私はそんなことは言っていない」と反論されるおそれがあることをお断りしておく（実際に一九九七年五月にケンブリッジの研究室でお会いしたときそう言われた）。アン゠クリスティン・テイラーがヒバロの人間観を分人と述べていたのも、ストラザーンを意識してのことである。

ストラザーン自身が長年調査研究してきたニューギニア社会も含めて、メラネシアにおいて人は別の人とのさまざまな関係、社会や自然環境とのかかわりをその内部に含んだ存在であり、そのような人間観をストラザーンは dividual と表現したのである。

メラネシアの人（格）は個別的なもので分割できないものであると同様に分割できるものと思い描かれている。彼らはそのうちに一般的な社会性を含んでいる。実際に、人々は彼らをつくり出す諸々の関係からなる複数形のかつ複合的な場としてしばしば構成される。単数形の人は社会のミクロコスモス（小宇宙）として思い描くことができる。〔中略〕対照的に、数多くの人間を巻き込む男性祭司のふるまいや集団組織の中に外部の観察者が見定めることのできるさまざまな集合的活動も、しばしば単一的なまとまりというイメージを提示する。(6)

メラネシアでは、人は両性具有的な、複合的で男女両方の性を備えた存在と考えられている。しかしときに応じてどちらか一方の性になることが求められる。例えば婚姻において、嫁ぐ女性は、彼女とその出身集団の人々との関係だけでなく、彼女の集団と婿の集団の関係をもうちに巻き込みかつ具現化した存在と考えられる。そしてこの縁組みで、嫁側の人々とその長である男性は、婿の側に対して、生物学的性の如何にかかわらず、「女性」となる。一方婿の側の人々は、同様に「男性」となる。事態を嫁となる女の属する集団のリーダーである男性からみるなら、彼は自分の集団の女との関係によって、その女の婚姻に際して「女性」になる（「女性」である）。そのあと彼の集団の若い男が嫁をもらうなら、その男との関係によって、「女性」から「男性」へと変わるのである。さまざまな社会関係を構築したり再生産する場面で、「両性具有的な人」は自らを構成する関係の束のいずれかを捨てて、単一の性別の人になるのである。

西洋の人間観との違い

メラネシアのこの人間観は、イギリス社会人類学で一九五〇年代から六〇年代にかけて主流であった社会構造のモデルとは大きく異なる。イギリスの構造・機能主義の礎を築いたラドクリフ＝ブラウン（一八八一―一九五五）は次のように考えていた。クラン（氏族）のような大きな集団は、父系出自集団という、より小さな親族単位から構成され、出自集団は「人」から構成される。

出自集団の組織原理（例えば共通の父系祖先から男性のみを介して系譜をたどることのできる人々の集まりといったような）がある特定の人と集団のほかのメンバーを結びつけるとき、その関係自体は人の外側に広がっているはずのものであり、ある個人がその外部にいる個人とつくったり壊したりするものと想定されている。

ラドクリフ゠ブラウンのこの考え方はそのまま欧米の人間観であるというのがストラザーンの考えであり、メラネシアの分人と比較するなら、平野も述べていたように、個人の外部に社会的関係や社会そのものがあるのだから、お望みならそれらから個人は切り離すことができるということになる。個人が社会をつくるのであって、社会が個人を構成する一部だとは考えられないから、ネオリベラリズムの先駆であるマーガレット・サッチャーがかつて言ったように「社会などない」「社会などなくてもよい、あるのは個人だ」という思想も登場することになる。つまり、欧米の人間観では、関係や社会がメラネシアほど前景に現れていない（見えにくい）のである。

平野が3・11以後の絆を考え直そうとしたように、メラネシアの分人観が初めてまとまった形で述べられた*The Gender of Gift*（一九八八年）やイギリスの生殖医療と親族を論じた*After Nature*（一九九二年）などは、小さな政府による緊縮財政政策が断行され、大学の予算も削られ、学部の統廃合も余儀なくされた、サッチャリズムが吹き荒れた頃およびその直後という、社会的絆が断ち切られていく時代に出版されている。時代の流れに異議を唱えようとしたストラザーンの分人概念には、こうした欧米の人間および社会観を相対化し、これまでとは異なる角度から再考させる意義がある。

ストラザーンは二十一世紀に入って、ほかのエドゥアルド・ヴィヴェイロス゠デ゠カストロ（ブラジルの人類学者、一九五一―）、ブルーノ・ラトゥール（フランスの科学人類学者、一九四七―）、ロイ・ワグナー（アメリカの人類学者、一九三八―）らの仕事とともに注目され、「人類学の静かな革命」あるいは「存在論的転回」の旗手と称されている。ストラザーンの難解な文体と議論の展開はしばしばフランスの哲学者ジル・ドゥルーズに喩えられる。

しかし分人という概念は、すでにバルト、レヴィ゠ストロース、フーコーによって実質的には提示されていたのであり、状況に応じて生物学的女性も「男性」としてふるまうという分人の様式は、バルトが『ラシーヌ論』で一九六〇年代に述べていたことでもある。彼女はそのことに気づいていないようだ。本書で言及した彼らの著作が文献リストにあがっていないからである。一方、バルトやレヴィ゠ストロースの思想と比較してみると、逆に彼女の理論の問題点も浮かびあがってくる。

ストラザーンの問題点

ストラザーンの分人論は、メラネシアを対象とした今日の人類学研究ではほぼ受け入れられているようだ。しかし、分人とは、「個よりも関係性が前面に出ていること」と単純に理解されているようにみえる。(7) すべての人を両性具有的ととらえ、生物学的女性が「男性」になったり、男女を

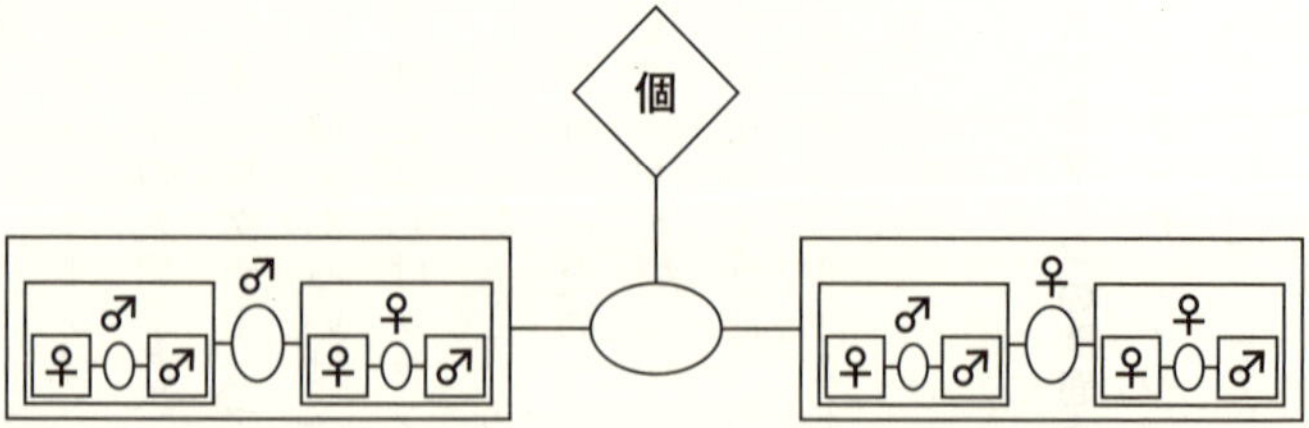

Gell, *The Art of Anthoropology: Essays and Diagrams*, The Athlone Press, 1999, p.50 より

図13-1　ジェルによるストラザーンの分人図解

問わず一群の人々があたかも「一人の女性」とみなされることには、どのような力関係（つまりフーコー的な意味での権力）が作用しているかは明らかではない。

バルトの『ラシーヌ論』では、生物学的女が「男性」になる、あるいは逆に生物学的男が「女性」になるのは、権力の行使や権力に翻弄されることと不可分であった。ストラザーン自身も、社会的場面に応じて複数の人間が一つの性別をもつ一人の人間とみなされたり、性別が変更することを論じているから、権力という問題に気づいていないはずはないが、複数の社会関係を内包する個という側面が強調され、権力作用とのかかわりで論ずることが置き去りにされているような印象を受ける。そしてこのことは、彼女の分人論のもう一つの問題点につながる。

メラネシアの人、そしてそれと比較される形で見いだされる、欧米の家族がそのうちに巻き込む社会関係とは、既存・既知の関係であり、共同体の同じ規範を受け入れている人々との関係でしかない。そこに見知らぬ他者の到来を俟つという視点、あるいは見知らぬ他者や世界のために一歩ひいて場所をあける自己という視点は希薄であるように思う。

ストラザーンの分人概念をわかりやすく解説しているアルフレッド・ジェルの図（図13-1）からもわかるように、人とはその父と母の配偶（生殖）関係、父の父と父の母の配偶関係、母の父と母の母の配偶関係……という同一のセットが反復されていく具体例である。それはフラクタルな人間観とも呼ばれるが、白人やキリスト教のような共同体の外部の他者との遭遇といった出来事やそれに伴う変化に開かれたものとは言えない。

他者に開かれた構造主義の思想

しかし、アン＝クリスティン・テイラーが言うように、文化変容とは、外部との接触によって当の文化の中心的な信念や価値が侵食されつくり直される、つまりもともとの文化の外側から変化がもたらされたと考えるべきではなく、変容を受け入れる心がまえはいつもそこにあるものとしてとらえるべきものなのである。(8)

レヴィ＝ストロースの言う、まだ見ぬ他者の到来を俟ちながら場所をあけておくという思想も、外部との遭遇という出来事があらかじめ文化の中心部に用意されているということである（具体的には拙著『神話論理の思想』第八章を参照されたい）。見知らぬ他者のために空洞があるということは、特定の他者の実質が重要なのではなく、誰かあるいは何かとの関係が結ばれうること、それによって自己が新たに規定されたり変貌したりしうることが重要であることを示している。つまりそこでは自己と対になる他者そのものよりむしろ関係性こそが強調されているのである。

フーコーの『主体の解釈学』で述べられている「自己」(第八章)では、遭遇していない他者が想定されているとは言えない。しかし、そこでも自己とは自らとの間の関係であり、回心という動きにおいて理性的自己は目標からずれた現実の自己の軌道修正を試みる。自己とは、ある固定した状態ではなく運動なのであり、変革の契機を孕む自己の自己からのずれ(差異化)は決していつも同じではなく、そのつど異なるものであった。

分人論に潜む個

これに対してストラザーンの「フラクタルな分人」は、同一なるものの反復である。そこではフラクタル模様をつくり出す力あるいは運動よりも、出発点にあり、無限増殖する一つの線分(たとえそれが関係であろうと)が強調されているようにみえる(図13-2)。それは『ラシーヌ論』のユダとイスラエルさながらに、同じであるゆえに対立・分裂していくかのようだ。だとしたら、オーストラリア出身の人類学者ブルース・カッフェラー(一九四〇―)が懸念するように、分人の根底には、あいかわらず同一なる個(individual)が前提とされていることになりはしないだろうか[9]。

すでに述べたように、ストラザーンらは「存在論的転回」や「静かな革命」を人類学にもたらしたと評される。日本でもこの動きに同調する人類学者たちがいる[10]。しかし、その理論的問題点も、イギリスやヨーロッパの人類学でどのような政治的動きがあったのかも検討せず、四半世紀近く前

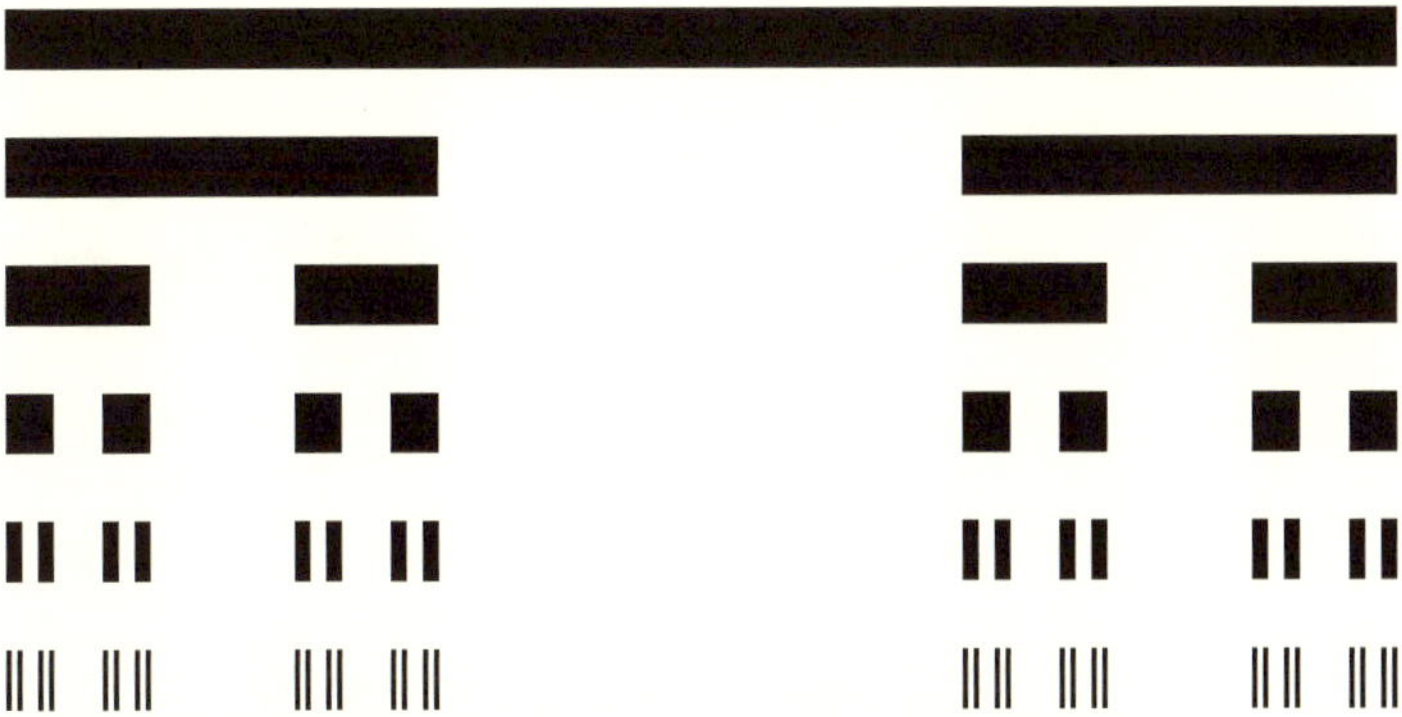

Strathern, *Partial Connections*, Rowman & Littlefield, 1991, p.3 より

図13-2　ストラザーンによるフラクタルのモデル図

のストラザーンを頌《しょう》するようでは、欧米の流行に追随するだけと批判されてもやむをえないであろう。

同様に、平野は分人を論ずるとき、「では、私たちの人格はどうだろう？　体と同じように、分けることができない、唯一のものなのだろうか」という表現から明らかなように、[11]次章のセネカインディアンの神話のように身体そのものが分割されるとは想定してはいない。

しかし、かつてフランスの宣教師・人類学者のモーリス・レーナルト（一八七八―一九五四）が『ド・カモ』（一九四七年）で述べたように、関係論的な人間像（図13―3）をもっていたニュー・カレドニア島民に、宣教師としてレーナルトがキリスト教を布教したとき、西洋人に教えられたのは、個人としての「精神」ではなく人を個人として統《す》べる「身体」だった[12]と島民は答えた。関係論的で統一的・個体的ではない「身体」像から出発しない「分人」の思想は、やはり個的であると言わざるをえないだろう。平野は「自己を愛するためには、他者の

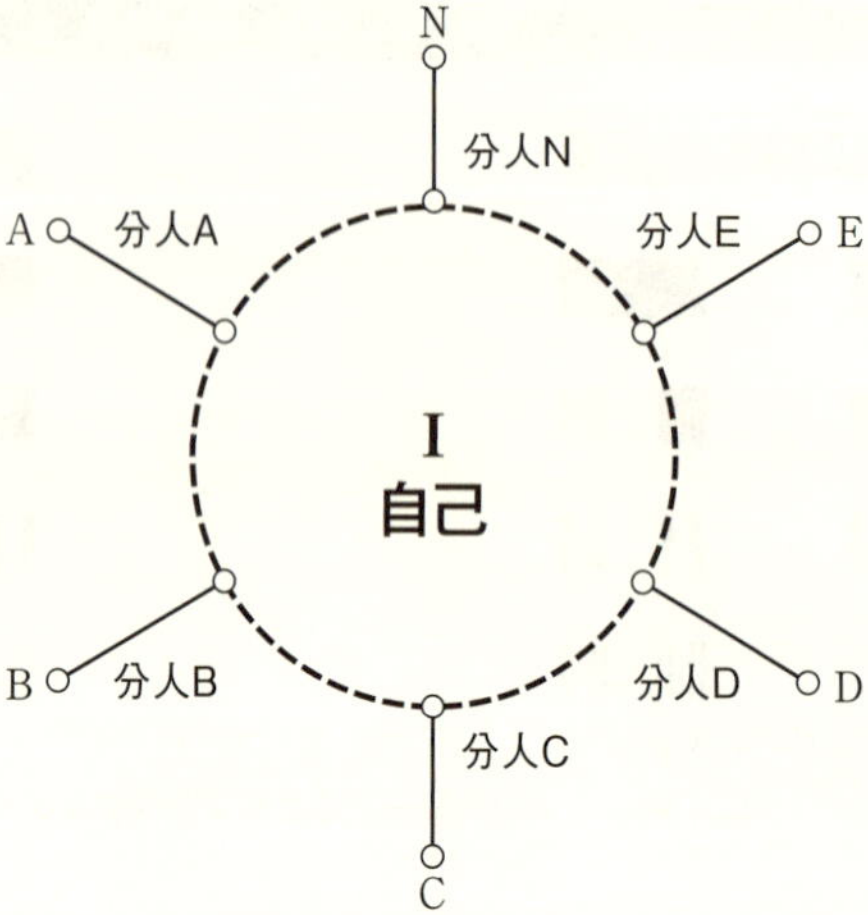

レーナルト『ド・カモ』をもとに作成。AからNという他者との関係は実線で示され、それが分人である。自己とはこの複数の分人の集積である。しかし自己が分人の単なる集積（破線で示してある）ではなく個人として成り立つには、「身体」という観念が必要だった

図13-3　関係論的な人間像のモデル図

存在が不可欠だという、その逆説こそが、分人主義の自己肯定の最も重要な点である」と述べている。[13]「自己の前に他者や世界を」ではなく、出発点が自己愛であるならば、コミュニケーションや関係を強調しながらも平野は（そしておそらくストラザーンも）個を裏口から再び招き入れているのである。

「分人」論は今日的課題に応えるかにみえて、個を乗り越えていないという問題点がある。そのことに半世紀前の構造主義の思想は気づかせてくれる。古い構造主義の方が現代の分人論より理論的広がりや可能性をもつようにみえるとしたら、今こそ構造主義を読み返さなくてはならない。

終　章●新世界のレヴィ＝ストロース

北アメリカ大陸北東部のセネカインディアンの神話には次のようなエピソードがある。(1)一人の若い娘が、ある男との結婚に同意する。男の母親は呪術師で、母親の住む村まで、男と娘は向かうことになる。娘は男のあとをついていった。やがて、路が二本の小道に分岐する地点にやってきた。するとそこで男が二人に分かれ、二つの体が別々に、二本の小道をたどっていくではないか。娘は驚き唖然《あぜん》とした。自分がどちらの道を選ぶべきかわからなかったが、まっすぐの道を選ぶと、幸いにも二本の小道が再び合流することがわかり、合流点で夫の二つの体は再び融合し一つになった。

このように北アメリカ先住民に限らず、神話には荒唐無稽な物語が多い。レヴィ＝ストロースが構造分析によって私たちのものとは異なる知性や論理の可能性を神話の中に読みとるにしても、神話は私たちの生活とはあまりにもかけ離れている。せいぜいがケータイのゲームのキャラクターのもとになったり、ファンタジーとしてリメイクされる程度で、しかもそこでの神話の使われ方は理性や論理、知性とはおよそ無縁のものであるかにみえる。

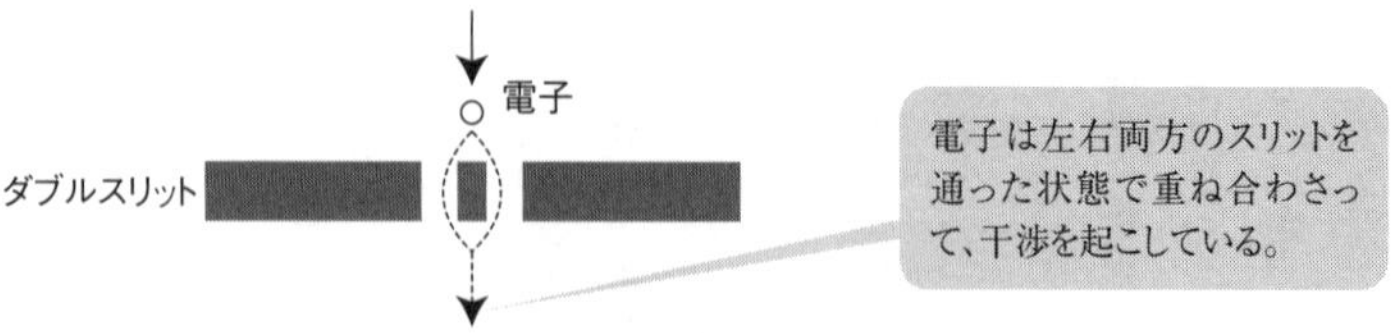
電子
ダブルスリット
電子は左右両方のスリットを通った状態で重ね合わさって、干渉を起こしている。

『「量子論」を楽しむ本』155ページより

図終-1　自分自身と干渉する電子

また、もともと神話を語り伝えていた先住民にしても、今でも神話がいきいきと語られる、野生の思考が花開く世界にばかり生きているわけでは決してなく、グローバル化や開発、観光化（ツーリズムの侵食）、アイデンティティの政治学というきわめて今日的な現象や問題に彼らの生も巻き込まれているのであり、そこではたしかに神話は影を潜めている。

いずれにせよ神話は今日の世界から遠く隔たっており、影は薄いのだから、注目する意義などないだろう――このように考える人たちは多いだろうし、実際に日本の文化人類学者――とりわけ若い世代――で神話分析に関心を寄せる人は少ない。

しかしそうではないのだ。先ほどの神話のエピソードを紹介したレヴィ=ストロースは、神話を語り伝えた人類の先祖がそこで描いた世界の一つの姿は、現代の物理学者が描く世界のイメージに近いことを述べている。

量子論（ミクロの世界における物質観の物理学）では、ミクロの世界（一千万分の一ミリ以下の世界）の物質はこちらにもあり、あちらにもあり、粒子でもあるが波でもあるという二面性をもつと説明される。[2]

道が二本あると二人に分裂する一人の男の神話は、スクリーンにうがたれた一つか二つのスリットを通過していく電子がときに波のようにときに微粒子のようにふるまうという、物理学者による概説書的説明にとてもよく似ていると、レヴィ＝ストロースは言うのだ（図終－1）。

物質を「観察する」つまり「みる」という行為は、物体にあたって反射した光が目の網膜の中にある視細胞を刺激して、その結果生じる電気信号が脳に伝わって意識にのぼるというプロセスを経て成立する。「みる」ためには、必ず光を対象物にあてなくてはならないのだ。しかし、量子論が探るミクロの世界では、物質に光をあてると、光のエネルギーによってミクロの物質が動くために、物質がもともとあった位置がわからなくなったり、物質の運動方向が変わってしまうということが生じる。ミクロの世界をみようとしても、その対象物を「見る前の状態のまま」でみることはできないのだ。(3) そして物質が波としての性質を強く表すことをあわせて考えると、いかなる方法をとっても絶対に避けられない観測結果の曖昧さが存在することがわかってきた。この原理的・本質的不確かさが量子論のもたらした発見なのである。その一例として有名なのが「シュレーディンガーの猫」と呼ばれるパラドクスであろう。

放射性物質と放射線検出装置、検出装置に連動した毒ガス発生装置を鉄の箱の中に置く。放射性物質が原子核崩壊を起こし放射線を出すと、検出装置が毒ガス発生装置に信号を送り、毒ガスが生じるしくみをつくっておく。その鉄の箱に猫を入れる。放射性物質の原子核が崩壊すれば毒ガスが出て猫は死ぬし、崩壊しなければ生きたままである。エルヴィン・シュレーディンガー（一八八七

―一九六一）によれば、一時間経過したのち箱のふたを開ければ猫の生死は確認できる。しかしふたを開ける前の猫の状態は、量子論の考えに従うなら、半分死に半分生きている状態、つまり「原子核崩壊が起きて死んだ状態」と「原子核崩壊が起きずに生きている状態」が半分ずつ重ね合わせになっている状態と考えられるのである。(4)

ある小説に登場する物理の高校教師が生徒に語った言葉を用いて、以上のことをもう少し平易に言うと、以下のようになるだろう。

いま私が背を向けると、電子は波のように動くんだ。つまり電子は音とか水のように波状に広がるものなのだ。きちんと位置づけられない。〔中略〕だがここでもし私がそれを観察したらどうなる？〔中略〕そうなんだよ。電子は突然粒子に変わる。固形になりちゃんと位置づけられるものになる〔中略〕なにがわかったか？　そうなんだよ。電子というものはわれわれが見ているかどうかで変わるものなんだ。ここで私がさっき言ったことを思い出してほしい。きみたち自身もきみたちを囲むものもサブアトムの粒子でできてると言ったよね？　つまり、われわれは観察するものでありながらつねに変わり続ける存在だということなんだ。〔中略〕波が物質の粒子になったとき、われわれはそれを実験で観察する。すると、次のような不可能なことが現れるのだ。〔中略〕なんの前兆もなく突然粒子が消え、だれにも予測できないほかの場所にひょっこり現れる。注目してほしいのは、その間どこにも存在しないことだ。〔中略〕それに、粒子はほかの粒子と通じ合っているらしい。とんでもなく離れている粒子同士でさえもそうなのだ。時間と場所を越えたところで互いに繋がっているらしいのだ(5)。

第四章のヴァルドマール氏さながらに、シュレーディンガーの猫は生きてもいるけれど死んでもいる。ここにいると同時にあそこにもいるというのは、セネカの神話にとどまらずさまざまな神話に登場する神々や英雄の特徴でもある。神話は最先端の科学がつきとめる世界や現実のあり方にイメージを提供するのだ。

しかしそれだけではない。道が二本に分かれると二人に分裂し、道が一本に戻るとまた一人になる男の物語において、セネカの人びとは、「ときに回折《かいせつ》する一つの波のようであり、ときにその分割不可能な個体性を維持する一つの微粒子のようであるというしかたで、日常的経験のそれとはたしかに異なる一つの世界を捉えていたのである(6)」。

つまり、神話は、量子論に近似するかのように、私たちが日常で経験している世界とは別の現実の位相に目を向けること、日常とは別の経験の可能性があることを示唆し、現実の複数性への感受性をきたえるものともなるのである。

第四章でも述べたように、神話は唯一の原典のみを認めるのではなく、バージョンの複数性を承認する。バージョン同士互いに異なり、矛盾し合うこともあるが、どれか一つのみが選別されほかは排除されるということがない神話の世界は、量子論が提示する世界にも驚くほど類似する。

量子論という科学の側が、神話に正当な権利を認めようとしているのにもかかわらず、そして類似した世界像を提示しているにもかかわらず、一方が合理的・理論的、他方が未開のフィクションという理由だけで、前者のみを受け入れるというのは、独善的な欺瞞と言うべきだろう。学問に対して、地域や社会への貢献といった有用性や困難な社会的課題への真摯な対応が要求され強調される今日において、神話や量子物理学の世界観は何の役にも立たず意味がないようにみえる。しかし先ほどの物理学の教師の言葉を借りるなら、

だが、意味があるかどうかは見方によるのだよ。無意味だとかばかばかしいとか思うのは、われわれ自身に限界があるからなんだ。われわれが慣れている考え方や見方と合わないというだけのことなんだよ。(7)

神話と量子論は、第十二章でとりあげたデッコラの類型同様に、人間が日常とは異なる現実をどうとらえ、それにどうかかわっていくことができるのかを示す形式の二様態と言うべきなのである。それらは有用性や課題解決を求める硬直化した価値観（権力と化していると言ってよいだろう）に揺さぶりをかけるものになるのだ。

注　釈

はじめに

（1）この点については拙論 二〇一一「失われたレヴィ＝ストロースの復権」出口顯編著『読解レヴィ＝ストロース』青弓社、一四―二一ページ参照。

（2）クロード・レヴィ＝ストロース 一九七〇『今日のトーテミスム』（仲沢紀雄訳）みすず書房、一九七六『野生の思考』（大橋保夫訳）みすず書房

（3）ディディエ・エリボン 一九九一『ミシェル・フーコー伝』（田村俶訳）新潮社、二三六ページ。レヴィ＝ストロースその人は、構造主義の時代の始まりを彼自身の論文集『構造人類学』刊行の一九五八年（翻訳はみすず書房、一九七二年）ととらえているが、構造主義ブームを象徴する事件はこの二冊の方であろう。

（4）拙論 二〇〇三a「誤解されるレヴィ＝ストロース」『レヴィ＝ストロース斜め読み』青弓社、二八―二九ページ参照

（5）ミシェル・フーコー 一九七四『言葉と物』（渡辺一民・佐々木明訳）新潮社

（6）フランソワ・ドッス 一九九九『構造主義の歴史（上・下）』（清水正・佐山一・仲澤紀雄訳）国文社参照

（7）レヴィ＝ストロース『野生の思考』八〇―八一ページ

（8）エリボン『ミシェル・フーコー伝』二四五ページ以下

（9）クロード・レヴィ＝ストロース＋ディディエ・エリボン 二〇〇八『遠近の回想 増補新版』（竹内信夫訳）みすず書房、一三七ページ

（10）例えばマレーシアのプラウ・ランカウィ島では、人は一対の双子（象徴的キョウダイ）として生まれ、その片割れが後産（胎盤）であると言われている。Janet Carsten, 1997, *The Heart of the Hearth: The Process of Kinship in a Malay Fishing Community*, Oxford University Press, p.83

序　章

（1）以下の記述は、Rane Willerslev, 2007, *Soul Hunters: Hunting, Animism and Personhood among the Siberian*

Yukaghirs, University of California Press, Chapter 3 にもとづく。

（2） Willerslev, *Soul Hunters*, p.52

（3） ジャック・ラカン 一九九八『フロイト理論と精神分析技法における自我（上）』（小出浩之ほか訳）岩波書店、一〇ページ

（4） Willerslev, *Soul Hunters*, p.56

（5） Alfred Schutz, 1962, *Collected Paperrs I*, Martinus Nijhoff, p.216

（6） このまとめは、テリー・イーグルトン 一九八五『文学とは何か』（大橋洋一訳）岩波書店、二五三ページによる。

（7） ジャック・ラカン 一九七二「〈わたし〉の機能を形成するものとしての鏡像段階」（宮本忠雄訳）『エクリI』弘文堂、一二四―一三四ページ。Jacques Lacan, 1996, *Écrits*, Seuil, pp.93-100

【第一部】

第一章

（1） ロラン・バルト 一九七九「作者の死」「作品からテクストへ」『物語の構造分析』（花輪光訳）みすず書房

（2） バルト「作者の死」『物語の構造分析』八五、八九ページ

（3） バルトのエクリチュール概念はかなり幅広い使われ方がされているので、エクリチュールの定義はここに述べたことに尽きるのではないことに注意されたい（ロラン・バルト 二〇〇八『零度のエクリチュール』〔石川美子訳〕みすず書房も参照）。

（4） 「ホークスは、危機におちいって一所懸命努力している男の悲愴な苦しみなど売り物にはしないで、これを豪快に笑いとばすのである。〔中略〕だからこそ、ホークスは、殺し屋たちの復讐におびえて町中のひとびとに助けを求めてさまよい歩く、あの、50年代のリアリズム西部劇の傑作『真昼の決闘（ハイ・ヌーン）』（フレッド・ジンネマン監督、52年）のめめしいヒーロー（ゲイリー・クーパー）を嫌悪して、これと同じ状況設定から出発しながら正反対の性格をもった硬派西部劇『リオ・ブラボー』をあえてつくったのであった」（山田宏一 一九七二「ハワード・ホークスの世界」『世界の映画作家16 西部劇の作家たち』キネマ旬報社、一三五ページ）。

（5） バルト「作品からテクストへ」『物語の構造分析』九八ページ。強調は原文。

(6) 同右、一〇四ページ
(7) 同右、九八ページ
(8) 同右、九九―一〇〇ページ
(9) バルト「作者の死」『物語の構造分析』八二ページ
(10) レヴィ＝ストロース＋エリボン『遠近の回想』一九九ページ
(11) バルト「作者の死」『物語の構造分析』八四ページ
(12) ロラン・バルト 一九八八「物語の構造分析――『使徒行伝』一〇―一一章について」（以下、バルト「使徒行伝」と略す）、『記号学の冒険』（花輪光訳）みすず書房、一五三ページ
(13) バルト「作者の死」『物語の構造分析』八五ページ
(14) ロラン・バルト 一九七三『S／Z』（沢崎浩平訳）みすず書房、八ページ
(15) 同右、一五ページ
(16) 同右、一五ページ。強調は原文。
(17) 同右、一六ページ
(18) ソシュールは生前、一般言語学に関する本を出版することはなかった。このまとめは、ソシュールの草稿を丹念に読み取り、ソシュール理解に画期的な局面を招いた、丸山圭三郎 一九九四『言葉とは何か』夏目書房、九八―一〇六ページにもとづく。またソシュールがジュネーヴ大学で行った講義の再構成については、互盛央 二〇〇九『フェルディナン・ド・ソシュール』作品社を参照されたい。
(19) 後の章で述べるようにシーニュの表と裏としてのシニフィアンとシニフィエの関係をラカンは批判している。
(20) ロラン・バルト 一九七九『旧修辞学 便覧』（沢崎浩平訳）六九、一八一ページ
(21) バルト「対象そのものを変えること」『物語の構造分析』一六六ページ
(22) バルト「天使との格闘」『物語の構造分析』五七ページ
(23) バルト「使徒行伝」一五三ページ
(24) 同右、一五一ページ
(25) 墓地、図書館・美術館をこのような空間としてとらえる着想は、ミシェル・フーコー 二〇一三「ヘテロピア」、ダニエル・ドゥフェール 二〇一三「ヘテロピア―ヴェネチア、ベルリン、ロサンゼルス間のある概念の苦難」（ともにミシェル・フーコー

『ユートピア的身体／ヘテロピア』（佐藤嘉幸訳）水声社）による。

第二章

（1）ロマーン・ヤーコブソン「言語学と詩学」『一般言語学』（川本茂雄監修）みすず書房、一八七―一八八ページ。強調は原文。

（2）ヤーコブソン「人類学者・言語学者会議の成果」『一般言語学』一一ページ

（3）ヤーコブソン 一九七三「言語の二つの面と失語症の二つのタイプ」『一般言語学』二三―二六ページ

（4）同右、二四ページ。強調は原文。

（5）バルト「使途行伝」一四八ページ

（6）ロラン・バルト 一九八八「エドガー・ポーの一短編のテクスト分析」（以下、「ポーの短編」と略す）、『記号学の冒険』二二八ページ。強調は原文。

（7）同右、二二九ページ。強調は原文。

（8）しかしバルトの使い方はもう少し自由度が高い。「コードという語そのものを、厳密な、科学的な意味に解すべきではない。コードとは、単に、連合の場にすぎず、ある種の構造概念を呼び起こすさまざまな記述の、超テクスト的な組織体にすぎない」（バルト「ポーの短編」二二七―二二八ページ、強調は原文）。

（9）同右、二〇五ページ

（10）同右、二三五ページ

（11）同右、一八四ページ

（12）同右、二三五ページ。強調は原文。

（13）バルト「使徒行伝」一六八ページ

（14）同右、一七四ページ

（15）同右、一八〇ページ

（16）同右、一七六ページ

（17）同右、一七七ページ

（18）クロード・レヴィ＝ストロース、二〇〇七『食卓作法の起源』（渡辺公三ほか訳）みすず書房、一四五―一四七ページ

（19）バルト「ポーの短編」一八四ページ

（20）バルト『S／Z』二五四―二五五ページ

（21）バルト「逸脱」『物語の構造分析』一五九ページ

（22）バルトの『旧修辞学 便覧』の「B・2・3」は「始めと終り」と題され、「発端と結尾を荘重にすることは修辞学を越える問題である（儀式、儀礼、典礼）」とある。一二九ページ。

第三章

（1）ロラン・バルト 二〇〇四『ロラン・バルト著作集7 記号の国』（石川美子訳）みすず書房

（2）同右、八ページ

（3）蓮實重彥 一九七四『批評あるいは仮死の祭典』せりか書房、石川美子 二〇〇四「俳句に誘われて」（訳者あとがき）バルト『記号の国』所収など。

（4）以上は『記号の国』の訳者あとがきによる。

（5）バルト『記号の国』二五―二六ページ

（6）ロラン・バルト 一九七八『テクストの快楽』（沢崎浩平訳）みすず書房

（7）バルト『記号の国』三七―三八ページ

（8）クロード・レヴィ゠ストロース 二〇〇六『生のものと火を通したもの』（早水洋太郎訳）みすず書房、五ページ

（9）クロード・レヴィ゠ストロース 二〇一〇『裸の人2』（吉田禎吾ほか訳）みすず書房、七七七ページ

（10）バルト『記号の国』三五ページ

（11）N. J., Allen 1990, On the Notion of Structure, *Journal of the Anthropological Society of Oxford* 21 (3): 279-282

（12）クロード・レヴィ゠ストロース 一九七九「構造主義再考」（三好郁朗訳）『構造・神話・労働』（大橋保夫編）みすず書房、三七ページ

（13）ジョルジュ・デュメジル 二〇〇一『デュメジル・コレクション』（全四巻、丸山静・前田耕作編）ちくま学芸文庫

（14）N. J., Allen 1999, Hinduism, Structuralism and Dumézel, in E. C. Polomé (ed.) *Miscellanea Indo-Europea*, Washington: Institute for the Study of Man

（15）クロード・レヴィ゠ストロース 一九六八「料理の三角形」（西江雅之訳）『レヴィ゠ストロースの世界』みすず書房

（16）同右、四二―四三ページ

（17）Carmichael, Hugh-Jones, Moser, Tayler, *The Hidden Peoples of the Amazon*, 1985, British Museum Publications Limited, p.79

（18）以下はクロード・レヴィ゠ストロース 一九八六「構造主義と生態学」『はるかなる視線1』（三保元訳）みすず書房による。

（19）ポトラッチとは、カナダのブリティッシュ・コロンビアの先住民にみられる慣行で、盛大な饗宴を開いて集めた銅板、毛布などを参加者に惜しげもなく

分配するというものである。ポトラッチの目的は、相贈物を与えた相手に自らの社会的地位を主張し、相手より高い威信を獲得しようとすることにあった(ゴドフリー・リーンハート 一九六七『社会人類学』〔増田義郎・長島信弘訳〕岩波書店、一一三―一一四ページ)。

(20) レヴィ＝ストロース「構造主義と生態学」『はるかなる視線1』一五七、一六一ページ

(21) レヴィ＝ストロース「神話とは何か」(大橋寿美子訳)『構造・神話・労働』七三―七五ページ、レヴィ＝ストロース「人類学の課題」『今日のトーテミスム』二〇五―二一一ページ

(22) 小田亮 二〇〇〇『レヴィ＝ストロース入門』ちくま新書、四八―四九ページ

(23) Gerardo Reichel-Dolmatoff, 1997, *Rainforest Shamans*, Themis Books, p.269

(24) 砂時計型表象については拙著 二〇一二『レヴィ＝ストロース』河出ブックス、第一章を参照されたい。

(25) クロード・レヴィ＝ストロース 一九七二「神話の構造」(田島節夫訳)『構造人類学』、二〇〇七『蜜から灰へ』(早水洋太郎訳)、一九九〇『やきもち焼きの土器つくり』(渡辺公三訳)、いずれもみすず書房

(26) 中沢新一 二〇〇六「『神話論理』前夜」「補論・神話公式ノート」『芸術人類学』みすず書房、拙著『レヴィ＝ストロース』第一章

第四章

(1) バルト「ポーの短編」一八九ページ

(2) クロード・レヴィ＝ストロース 一九八七「S／Zについて」(芳川ゆかり訳)『レヴィ＝ストロース変貌する構造』(江中直紀ほか訳)国文社

(3) バルト「ポーの短編」二一六ページ

(4) 同右、二一五ページ

(5) 同右

(6) アーノルド・ファン＝ヘネップ 二〇一二『通過儀礼』(綾部恒雄、綾部裕子訳)岩波文庫、ヴィクター・ターナー 一九七六『儀礼の過程』(冨倉光雄訳)思索社

(7) バルト「ポーの短編」二〇五ページ

(8) 同右、二一三ページ

(9) 同右、二二四ページ。強調は原文。

(10) 同右、一八九ページ

(11) 芳川泰久 二〇一二「バルザックの二つの〈プラ

ン〉」（訳者あとがき）バルザック 二〇一二『サラジーヌ他三篇』（芳川泰久訳）岩波文庫所収、二三二ページ。また芳川泰久 一九九九『闘う小説家バルザック』せりか書房、一四一―三ページも参照されたい。

(12) ロラン・バルト 二〇〇六「男性、女性、中性」『ロラン・バルト著作集6 テクスト理論の愉しみ』（野村正人訳）みすず書房、二三二ページ

(13) バルザック「サラジーヌ」『サラジーヌ他三篇』七一ページ

(14) バルト『S／Z』二三三ページ

(15) 同右

(16) バルザック「サラジーヌ」『サラジーヌ他三篇』二〇―二一ページ

(17) 同右、二四ページ

(18) 同右、二七ページ

(19) 同右、七ページ。強調は原文。

(20) 最近のものではポール・ド・マン 二〇一三「ロラン・バルトと構造主義の限界」（土田知則訳）『思想』No.1071の訳者解説など。

(21) クロード・レヴィ゠ストロース 一九九六『神話と意味』（大橋保夫訳）みすず書房、一ページ

(22) 同右、二ページ

(23) レヴィ゠ストロース『生のものと火を通したもの』（以下、『生のもの』と略す）二一ページ

(24) レヴィ゠ストロース「神話とは何か」（大橋寿美子訳）『構造・神話・労働』六五、六六ページ

(25) 同右、六六ページ

(26) レヴィ゠ストロース『生のもの』二四二―二四三ページ

(27) 同右、二七九―二八〇ページ

(28) レヴィ゠ストロース＋エリボン『遠近の回想』二五二ページ

(29) 同右

(30) 同右

(31) レヴィ゠ストロース『生のもの』二四一ページ

(32) レヴィ゠ストロース＋エリボン『遠近の回想』二五一ページ

(33) レヴィ゠ストロース『食卓作法の起源』M425-428、二三四―二三六ページ

(34) 同右、M443、二七六ページ

(35) 同右、M447、二八九―二九〇ページ

(36) レヴィ゠ストロース『生のもの』五一―五六ページ

(37) クロード・レヴィ＝ストロース 二〇〇八『裸の人1』（吉田禎吾ほか訳）みすず書房、二二三―二二四ページ

(38) レヴィ＝ストロース『裸の人2』七七〇ページ

(39) レヴィ＝ストロース『生のもの』一一〇ページ

(40) レヴィ＝ストロース＋エリボン『遠近の回想』二三〇ページ

(41) レヴィ＝ストロース『生のもの』一一ページ

(42) 同右、一〇ページ

(43) レヴィ＝ストロース＋エリボン『遠近の回想』二三〇―二三一ページ

(44) レーモン・ベルール 一九八〇「神話と構造 クロード・レヴィ＝ストロースとの対話」『構造主義との対話』（古田幸男・川中子弘訳）日本ブリタニカ、一〇ページ

第五章

(1) 後に『思考集成Ⅲ』に収められた「カイエ・デュ・シュマン」に初出の論文ではなく、それに修正と加筆を施しさらにはマグリットからフーコーにあてた私信二通を加えた単行本をテクストとして用いる。ミシェル・フーコー 一九八六『これはパイプではない』（豊崎光一・清水正訳）哲学書房

(2) フーコーが一九二八―二九年の《イメージの反逆》ではなく一九二六年の画《え》に冒頭で言及したのは、一九二六年作が題名をもっていないから、それゆえ「これは……」がたやすく絵の題名と誤解されるから（受けとられるから）ということにあったのではないだろうか。

(3) フーコー『これはパイプではない』二一―二二ページ。強調は原文。

(4) 同右、二三ページ

(5) 同右、二四―二五ページ

(6) 同右、二七ページ

(7) 同右、二九ページ

(8) 同右、三〇―三一ページ。強調は原文。

(9) 豊崎光一 一九八六『文手箱』書肆風の薔薇、六一ページ

(10) フーコー『これはパイプではない』五三ページ

(11) 同右、六〇―六一ページ

(12) 同右、六七ページ

(13) また《地平線を目ざして歩む人》から失踪した物は、地上、頭上、それらの境界に属するものとして分類されるが「啓示のアルファベット」の物も、地

上（パイプ、鍵）、頭上（木の葉）、境界（グラス）に分類できる。

(14) フーコー『これはパイプではない』六九ページ

(15) 同右、七三ページ。しかしマグリット本人は「物」はお互いの間に類似をもたず、相似をもつかもたぬかのいずれかであり、類似とは思考だけの「持前」だと言っている（『これはパイプではない』一〇二ページ）。作者自身も想定していない観点から考察を進めるフーコーにとって、マグリットとは特定の個人＝作者ではなく、一連の絵画と絵画の関係の名にとどまるものであろう。

(16) フーコー『これはパイプではない』七三ページ

(17) 同右、七三―七四ページ

(18) 同右、七四ページ

(19) 同右、七八ページ

(20) 同右、九一ページ

(21) 同右、八六ページ

(22) 同右、八五ページ

第六章

(1) その一例が檜垣立哉 二〇〇八『賭博／偶然の哲学』（河出書房新社）によるフーコーの「生」概念の曲解である。言説がそれによって支えられているが言説にはとり込めないものとしてフーコーの言う生命をとらえ、檜垣はさらに「私とは生命」なのであり、自己の発生とは確率論的な賭けだと言う。そして、フーコーがこの賭けを肯定していたととらえる（『賭博／偶然の哲学』一三五、一四六ページ）。しかしそのような読みは、ミシェル・フーコー 二〇〇七『安全・領土・人口 ミシェル・フーコー講義集成7』（高桑和巳訳）筑摩書房など生‐政治にかかわる講義におけるフーコーの発話からかけ離れた抽象的なものでしかないと言わざるをえない。ここまかに『これはパイプではない』を読み解いてきたのは、こうした抽象化から遠ざかるためであった。

(2) 以下は蓮實重彦 二〇〇六「フーコーと《十九世紀》」『表象の奈落』青土社による。

(3) 蓮實「フーコーと《十九世紀》」七五ページ

(4) フーコー『言葉と物』三二八ページ

(5) 蓮實「フーコーと《十九世紀》」七八ページ

(6) 同右、八一ページ

(7) フーコー『これはパイプではない』一〇二ページ

(8) 同右、七九―八〇ページ

（9）豊崎「宮川淳の死」『文手箱』二一二―二一三ページ
（10）豊崎光一 一九七五『砂の顔』小沢書店、八一ページ。強調は原文。
（11）以上はミシェル・フーコー 二〇一二『知の考古学』（慎改康之訳）河出文庫、一五八、一六一、一六三、一六四ページから引用。最後の引用文の「構造」は、アレンの言う「構造」であり、レヴィ＝ストロースの言う「構造」ではないだろう。また最後の引用文のあとにようやく肯定的な定義が登場する。
（12）豊崎『砂の顔』一一三ページ
（13）豊崎「ミシェル・フーコー追悼」『文手箱』二〇四―二〇五ページ
（14）蓮實『批評あるいは仮死の祭典』一四九ページ
（15）ミシェル・フーコー 二〇〇〇a「権力の眼」（伊藤晃訳）『ミシェル・フーコー思考集成Ⅵ』筑摩書房、二五七―二五八ページ
（16）同右、二五七ページ
（17）ミシェル・フーコー 一九七七『監獄の誕生』（田村俶訳）新潮社、二〇二ページ
（18）同右、二〇三ページ
（19）同右、二〇四ページ
（20）フーコー「権力の眼」『ミシェル・フーコー思考集成Ⅵ』二五七ページ
（21）フーコー『監獄の誕生』二〇七ページ
（22）蓮實「視線のテクノロジー」『表象の奈落』一〇七ページ
（23）フーコー「権力の眼」『ミシェル・フーコー思考集成Ⅵ』二六九ページ

【第二部】

第七章

（1）『オックスフォード英語辞典』
（2）イギリスでは、ボランティアの代理出産を認めているが、法律上の母は妊娠・出産した代理母なので、養子縁組をしなければ（代理母が子どもへの親権を放棄することに同意しなければ）、依頼者は子どもをひきとることができない。しかし代理出産を容認しているとはいえ、イギリスの法律（ＨＦＥ法）では、代理出産契約自体法的に無効であり、代理母が出産後子どもを手放さないのは契約違反だと裁判に訴えても無意味である（拙著 一九九九『誕生のジェネオロジー』世界思想社）。

（3） 加賀野井秀一 一九九五『20世紀言語学入門』講談社現代新書、五三ページ。小学校で「高学年」「低学年」というグループ分けをする場合と、「高学年」「中学年」「低学年」とグループ分けする場合とでは、「高学年」「低学年」の指示する範囲は異なってくる。このように言葉の意味がほかの言葉との関係によって決まる事態を指してネガティヴ（虚定的）という。

（4） 拙論 二〇〇三b「ノルディック諸国の生殖医療技術への対応におけるナショナルとグローバル」『人倫研プロジェクトNews Letter』2（北海道大学大学院法学研究科）

（5） 二〇〇七年三月二十四日付新聞各紙

（6） 毎日新聞二〇〇四年八月五日付。その後、判決を不服とした夫婦は、高裁、最高裁へと上訴するが、いずれも抗告は棄却された。高裁は、「代理出産の契約は公序良俗に反し無効」と指摘。最高裁もこれを支持した（共同通信系新聞、二〇〇五年五月二十四日、十一月二十五日）。

（7） *The Mail on Sunday* May 7, 2000, *The Daily Mail* May 8, 2000, *The Times* May 8, 2000

（8） 拙著『誕生のジェネオロジー』一五四―一七四ページ

（9） Marilyn Strathern, 1998, Surrogates and Substitute: New Practices for Old?, in James Good and Irving Velody (eds), *The Politics of Postmodernity*, Cambridge University Press

（10） この問題は第十一章でも再びとりあげる。

（11） ミシェル・フーコー 二〇〇〇b「政治の分析哲学」（渡辺守章訳）『ミシェル・フーコー思考集成Ⅶ』筑摩書房、一三九ページ

（12） フーコー「哲学の舞台」（渡辺守章訳）『ミシェル・フーコー思考集成Ⅶ』一七八―一七九ページ

（13） ミシェル・フーコー 二〇〇一a「主体と権力」（渥海和久訳）『ミシェル・フーコー思考集成Ⅸ』筑摩書房、一五ページ

（14） ミシェル・フーコー 一九八四『性の歴史Ⅰ 知への意志』（渡辺守章訳）新潮社、七九ページ

（15） ミシェル・フーコー「〈性〉と権力」（渡辺守章訳）『ミシェル・フーコー思考集成Ⅶ』一四九―一五三ページ

（16） フーコー『知への意志』七六ページ

（17） フーコー「政治の分析哲学」『ミシェル・フーコー思考集成Ⅶ』一三五ページ

(18) ミシェル・フーコー 二〇〇二a「自由の実践としての自己への配慮」（廣瀬浩司訳）『ミシェル・フーコー思考集成Ⅹ』筑摩書房、二三三ページ

(19) ストラザーンには、張りめぐらされた権力の網の目にすべての人がからめ取られているという視点がフーコーほど徹底していないようにみえる。

(20) フーコー「自由の実践としての自己への配慮」『ミシェル・フーコー思考集成Ⅹ』二三三ページ

(21) 同右、二三四ページ

(22) 同右、二三四ページ

(23) ミシェル・フーコー 二〇〇四『主体の解釈学 ミシェル・フーコー講義集成11』（廣瀬浩司・原和之訳）筑摩書房

(24) ミシェル・フーコー 二〇〇一b「生の様式としての友愛について」（増田一夫訳）『ミシェル・フーコー思考集成Ⅷ』筑摩書房

第八章

(1) セネカ 二〇〇五『倫理書簡集Ⅰ　セネカ哲学全集　第五巻』（高橋宏幸訳）岩波書店、一三八ページ

(2) フーコー『主体の解釈学』二〇七ページ

(3) 同右、二五〇ページ

(4) 以下の記述は拙著 二〇一一『神話論理の思想』みすず書房、第六章と重複するところがある。

(5) ミシェル・フーコー 二〇〇二b『真理とディスクール』（中山元訳）筑摩書房、二二〇ページ

(6) セネカ 二〇〇五「怒りについて」（兼利琢也訳）『倫理論集Ⅰ　セネカ哲学全集　第一巻』岩波書店、二二〇ページ

(7) フーコー『真理とディスクール』二二二ページ

(8) 同右、二四三ページ

(9) セネカ「怒りについて」『倫理論集Ⅰ　セネカ哲学全集　第一巻』二二〇ページ

(10) セネカ「幸福な生について」（大西英文訳）『倫理論集Ⅰ　セネカ哲学全集　第一巻』二四四ページ

(11) フーコー『主体の解釈学』四七五ページ

(12) 同右、四七六ページ

(13) 同右、五〇一ページ

(14) 同右、四九五ページ

(15) ミシェル・フーコー 一九八六『性の歴史Ⅱ　快楽の活用』（田村俶訳）新潮社、九五—九七ページ

(16) フーコー「自由の実践としての自己への配慮」『ミシェル・フーコー思考集成Ⅹ』二二三—二二四

ページ
(17) マルクス・アウレリウス「自省録」(鈴木照雄訳)第五巻、三一『世界の名著13』中央公論社、四六二ページ
(18) フーコー 二〇〇二a「生存の美学」(増田一夫訳)『ミシェル・フーコー思考集成X』二四九ページ
(19) ミシェル・フーコー 一九八七「生の様式としての友情について」『同性愛と生存の美学』(増田一夫訳)哲学書房、一五ページ
(20) フーコー「同性愛の問題化の歴史」『同性愛と生存の美学』四二ページ
(21) 第七章、第八章で論じた主題をさらに深く考え抜いたものとして、箱田徹 二〇一三『フーコーの闘争〈統治する主体の誕生〉』慶應義塾大学出版会を参照されたい。

第九章

(1) ロラン・バルト 一九八一『文学の記号学』(花輪光訳)みすず書房、一〇ページ
(2) 同右、八ページ
(3) 同右、四〇―四一ページ
(4) 同右、一一ページ
(5) 同右、一一―一二ページ
(6) 花輪光 一九八一「文学の復権」(訳者解説)『文学の記号学』所収、六八ページ
(7) ヤーコブソン「翻訳の言語学的側面について」『一般言語学』六二ページ。傍点は引用者注、強調は原文。
(8) ヤーコブソン「文法的意味についてのボーアズの見解」『一般言語学』一七五ページ
(9) バルト『文学の記号学』一四ページ
(10) 同右、一五ページ
(11) 同右、一六ページ
(12) 同右、一六―一七ページ
(13) 同右、一七ページ
(14) 同右、一八ページ
(15) 同右、一九ページ
(16) 同右、三一―三二ページ
(17) 同右、三一ページ
(18) 同右、四一ページ
(19) 同右、五一ページ
(20) 同右、五三ページ
(21) バルト『テクストの快楽』二五ページ、一二〇ページ。五二―五三ページより。強調は原文。

(22) ロラン・バルト 一九七九『彼自身によるロラン・バルト』(佐藤信夫訳) みすず書房、一三七ページ
(23) 沢崎浩平 一九七八「あとがき」(訳者あとがき) バルト『テクストの快楽』所収、一五四ページ、ロラン・バルト 一九七八「バルトのための二十のキーワード」(広川忍訳)『エピステーメー』一九七八年二月号、一六五ページ
(24) バルト『テクストの快楽』九三—九四ページ。強調は原文。
(25) バルト『彼自身によるロラン・バルト』一三八ページ
(26) バルト「バルトのための二十のキーワード」『エピステーメー』一六五ページ
(27) バルト『テクストの快楽』一〇三ページ
(28) バルト『彼自身によるロラン・バルト』一三九ページ
(29) 同右
(30) バルト『テクストの快楽』一二三ページ。強調は原文。
(31) 同右、三五ページ。強調は原文。

第十章

(1) ロラン・バルト 二〇〇六『ラシーヌ論』(渡辺守章訳) みすず書房 (原書は一九六三年)
(2) 同右、一〇ページ
(3) 渡辺守章 二〇〇六「解題」バルト『ラシーヌ論』所収、二八七ページ
(4) バルト『ラシーヌ論』七八ページ。強調は引用者。
(5) ラシーヌ 一九六四「ベレニス」(伊吹武彦訳)『ラシーヌ戯曲全集Ⅰ』(伊吹武彦・佐藤朔編集) 人文書院、三六五ページ
(6) バルト『ラシーヌ論』二四ページ
(7) 同右、二六ページ
(8) ラシーヌ「アレクサンドル大王」(福井芳男訳)『ラシーヌ戯曲全集Ⅰ』一一七ページ
(9) 同右、一〇一ページ
(10) 同右、一一九ページ
(11) 同右、一一八ページ
(12) バルト『ラシーヌ論』一一六ページ
(13) 同右、一一七ページ
(14) ラシーヌ「アレクサンドル大王」『ラシーヌ戯曲全集Ⅰ』一〇二ページ

(15) バルト『ラシーヌ論』一一七ページ
(16) ラシーヌ「アレクサンドル大王」『ラシーヌ戯曲全集Ⅰ』一二八ページ
(17) 佐藤朔 一九六五「解題」『ラシーヌ戯曲全集Ⅱ』(伊吹武彦・佐藤朔編集) 人文書院、三〇六ページ
(18) ラシーヌ 一九六五「アタリー」(佐藤朔訳、以下、「アタリー」と略す)『ラシーヌ戯曲全集Ⅱ』三二五—三二六ページ
(19) 同右、三二八ページ
(20) 同右、三三五ページ
(21) 同右、三三三ページ
(22) 同右、三四〇ページ
(23) バルト『ラシーヌ論』二八ページ
(24) 渡辺守章「解題」バルト『ラシーヌ論』所収、三一九ページ
(25) バルト『S/Z』四二ページ
(26) 同右、一一七ページ
(27) 同右、四二ページ
(28) バルザック「サラジーヌ」『サラジーヌ他三篇』一九ページ
(29) 同右、一二ページ
(30) バルト『S/Z』四二ページ
(31) バルト『ラシーヌ論』二九ページ
(32) 同右、二八ページ
(33) ラシーヌ「アタリー」三〇九ページ
(34) 同右、三一〇ページ
(35) バルト『ラシーヌ論』二〇二ページ
(36) 同右、一〇六ページ
(37) これはレヴィ=ストロースが『オオヤマネコの物語』ほかで論じたものである。この点については次章で述べるが、よりくわしくは拙著『神話論理の思想』第八章を参照されたい。
(38) ラシーヌ「アタリー」三三三ページ
(39) バルト『ラシーヌ論』二〇八ページ
(40) ラシーヌ「アタリー」三三四ページ
(41) バルト『ラシーヌ論』二〇八—二〇九ページ。強調は原文。
(42) 同右、二〇九ページ
(43) 佐藤「解題」『ラシーヌ戯曲全集Ⅱ』三〇七ページ
(44) バルト『ラシーヌ論』二〇六—二〇七ページ

第十一章

(1) バルザック「サラジーヌ」『サラジーヌ他三篇』

七四—七五、六七—六八ページ

（2）厳密に言うとカストラートの去勢手術は、精索と二つの精巣をとり出すもので、宦官と違って、陰茎（ペニス）までは切断しない。精神分析的解釈では、陰茎のもつ象徴性を強調して男根（ファルス）という。精巣も男根の象徴性と結びつくと考えられるのであれば、具体的な身体器官の差異にかかわらず、男性性を象徴する身体の部位として陰茎と精巣を男根ということも可能であるが、混乱を読者に生じさせかねないのでここでは「男性生殖器官」と一括して表現しておく。

（3）ジャック・ラカン 一九七七「フロイトの《否定》（Verneinung）についてのジャン・イポリットの評釈に対する回答」（佐々木孝次訳）『エクリⅡ』弘文堂、九六ページ［*Écrits*, p.389］。また、石田浩之 一九九二『負のラカン』誠信書房、一三ページ。

（4）ラカン「精神分析とその教育」（佐々木孝次訳）『エクリⅡ』一六五ページ［*Écrits*, p.439］

（5）ラカン「無意識における文字の審級、あるいはフロイト以後の理性」（佐々木孝次訳）『エクリⅡ』二六五ページ［*Écrits*, p.515］。「換喩的」については二一一ページを参照。

（6）ラカン「一九五六年における精神分析の状況と精神分析家の養成」（早水洋太郎訳）『エクリⅡ』二〇六ページ［*Écrits*, p.467］。訳文は変更してある。

（7）ジークムント・フロイト 二〇〇八「ある五歳児の恐怖症の分析〔ハンス〕」『フロイト全集10』（総田純次訳）岩波書店、一五六ページ、ジャック・ラカン 二〇〇六『対象関係（下）』（小出浩之・鈴木國文・菅原誠一訳）岩波書店、一〇六、一二三ページ

（8）石田『負のラカン』四六—五二ページ

（9）ジークムント・フロイト 一九九六「快感原則の彼岸」『自我論集』中山元訳、ちくま学芸文庫、一二六—一二七ページ

（10）ラカン「精神分析における言葉（パロール）と言語活動（ランガージュ）の機能と領野」（竹内迪也訳）『エクリⅠ』四三五—四三七ページ［*Écrits*, pp.319-320］、石田『負のラカン』七八—八六ページ

（11）同右、三七七ページ［*Écrits*, p.276］。訳文は変更してある。

（12）ラカン『対象関係（下）』二二一—二二二ページ

（13）ジークムント・フロイト 一九九七「幼児の性器体制」「エディプス・コンプレックスの崩壊」『エロ

ス論集』中山元編訳、ちくま学芸文庫

(14) 中山元 一九九七「エロスの一般理論の試み」フロイト『エロス論集』四一四―四一五ページ

(15) フロイト「エディプス・コンプレックスの崩壊」『エロス論集』三〇一ページ

(16) 同右、三〇二ページ

(17) 同右、二九九ページ

(18) 同右、三〇二―三〇三ページ。以上は男児を中心とした説明だが、女児の場合については三〇四ページ以降を参照されたい。

(19) ジャック・ラカン 一九八一「ファルスの意味作用」(佐々木孝次訳)『エクリⅢ』弘文堂、一五八ページ[*Écrits*, p.693]。訳文は変更してある。石田『負のラカン』一四七―一四八ページ。

(20) ラカン『対象関係(下)』八四ページ

(21) 石田『負のラカン』一四九ページ

(22) 父の名を受け入れることで、エディプス・コンプレックスを解決して、人は他者を欲望する主体たりうるというのが、ラカンの理論だと言えるなら、権力作用の網の目にからめ取られ、それを受け入れることで人は主体たりうるというフーコーの権力＝主体論と同じ理論構成になっていることに気づくのである。ラカンが構造主義者であるなら、フーコーが精神分析に批判的であったにせよ、フーコーも構造主義者であったと言ってはいけないだろうか。時間的にはラカンの理論がフーコーに先んじている。『対象関係』のセミナールは、一九五六年から五七年に実施された。

(23) ラカン「ダニエル・ラガージュの報告『精神分析と人格の構造』についての考察」(佐々木孝次訳)『エクリⅢ』一三八ページ[*Écrits*, p.683]

(24) ラカン『対象関係(下)』四一ページ

(25) 石田『負のラカン』一五七ページ

(26) ラカン「治療の指導とその能力の諸原則」(海老原英彦訳)『エクリⅢ』六九ページ[*Écrits*, p.632]。訳文は変更してある。

(27) 同右、八三―八四ページ[*Écrits*, p.642]。訳文は変更してある。

(28) バルトは『記号学の原理』でコノテーションについて批判している。シニフィアンとシニフィエが連結したある一つのシーニュが、より高次のレベルでシニフィアンとなり、新たなシニフィエと連結する。この関係をコノテーションと呼ぶ。これは附表のように図示できる。ロラン・バルト 一九七一

『記号学の原理』（沢村昂一訳）みすず書房、一九五一—一九八ページ（『零度のエクリチュール』旧版所収）。
（29）バルト『S/Z』二〇ページ。（ ）はバルト、〔 〕は訳者、〈 〉は引用者によるもの。強調は原文。
（30）同右、一二五ページ。〈 〉は引用者によるもの。
（31）「鏡像段階」ラプランシュ＋ポンタリス 一九七七『精神分析用語辞典』（村上仁監訳）みすず書房、七七—七八ページ
（32）新宮一成 一九九五『ラカンの精神分析』講談社現代新書、一七三ページ
（33）石田『負のラカン』二四—二五ページ
（34）新宮『ラカンの精神分析』一七三—一七四ページ
（35）拙著『誕生のジェネオロジー』一五五—一五六ページ
（36）同右、一五九ページ
（37）新宮『ラカンの精神分析』一九二ページ
（38）同右、一九二—一九三ページ

附表

<table>
<tr><td colspan="2">Sa</td><td>Sé</td></tr>
<tr><td>Sa
（シニフィアン）</td><td>Sé
（シニフィエ）</td><td></td></tr>
</table>

【第三部】

第十二章

（1）Philippe Descola, 2013, *Beyond Nature and Culture*, University of Chicago Press
（2）Descola, *Beyond Nature and Culture*, Reichel-Dolmatoff, *Rainforest Shamans*, ch1. p.122 より。
（3）Philippe Descola, 2006, Beyond Nature and Society, *Proceedings of the British Academy* 139, 140-141
（4）加賀野井『20世紀言語学入門』七〇—七八ページ
（5）Descola, Beyond Nature and Society, p.12
（6）レヴィ＝ストロース『食卓作法の起源』五八八ページ
（7）クロード・レヴィ＝ストロース 二〇〇一『悲しき熱帯Ⅱ』（川田順造訳）中公クラシックス、三七七ページ
（8）ミシェル・フーコー 二〇〇六『精神医学の権力 ミシェル・フーコー講義集成4』（慎改康之訳）筑摩書房、六二ページ
（9）同右、六九ページ
（10）同右
（11）同右、一三六ページ、一二一ページ

(12) ミシェル・フーコー 二〇〇二c『異常者たち ミシェル・フーコー講義集成5』（慎改康之訳）筑摩書房、四八―五一ページ

(13) 同右、六一―六六ページ

(14) 十八世紀以降の西洋国家では、人口というまとまりが創出され、出生率、死亡率、罹病率などの生にかかわる現象において、住民が大きなかたまりとして掌握され、管理されていたとフーコーは述べている。住民は権力の網の目にからめ取られていたのである。生‐権力、生‐政治という概念はこの「人口」というまとまりと結びついて提起されたものであることを見落としてはならないだろう（フーコー『安全・領土・人口』）。

(15) シャイアンについては、拙著『レヴィ＝ストロース』四八ページ、注57を参照されたい。

(16) この点については Claude Lévi-Strauss, 1991 *Histoire de Lynx*, Plon, また、拙著『神話論理の思想』第七、八章、渡辺公三 二〇〇九『闘うレヴィ＝ストロース』平凡社新書、第四章を参照されたい。

(17) Peter Gow, 2009, Of *The Story of Linx*: Lévi-Strauss and alterity, in Boris Wiseman (ed.) *The Cambridge Companion to Lévi-Strauss*, Cambridge University Press, p.217

(18) Gow, Of *The Story of Lynx*, p.222

(19) 渡辺公三 二〇一一「双子であることの不可能性」『読解レヴィ＝ストロース』、三二八ページに引用されたレヴィ＝ストロースの発言

(20) レヴィ＝ストロース『裸の人1』四七ページ、M538、M539ほか。

(21) Lévi-Strauss, *Histoire de Lynx*, p.87

(22) レヴィ＝ストロース『神話と意味』四三―四四ページ

(23) クリフォード・ギアーツ 一九九一「住民の視点から」（小泉潤二訳）、『ローカル・ノレッジ』岩波書店、一〇四ページ。訳文は修正してある。

(24) Lévi-Strauss, *Histoire de Lynx*, p.92

(25) Philippe Descola, 1997, *The Spears of Twilight : Life and Death in the Amazon Jungle*, Flamings, pp.273-276

(26) Anne-Christine Taylor, 2001, Wives, Pets, and Affines: Marriage among the Jivaro, in L. M. Rival and N. L. Whitehead (eds.), *Beyond the Visible and the Material*, Oxford University Press, p.49

(27) 失念の神話の例としてレヴィ＝ストロースがとり

あげるのは、北アメリカ北西海岸部のツィムシアン族の「アスディワル武勲詩」と大平原インディアンのマンダン族およびヒダツア族の神話である。クロード・レヴィ＝ストロース「神話と失念」、『はるかなる視線2』（三保元訳）みすず書房、拙著『レヴィ＝ストロース斜め読み』第五章、一四五ページを参照。

第十三章

（1）平野啓一郎二〇一二a、「3・11後の『存在』と『時間』」『神奈川大学評論73』、二〇一二b『私とは何か』講談社現代新書

（2）平野「3・11後の『存在』と『時間』」一七七—一七八ページ

（3）同右、一七八ページ

（4）同右

（5）Marilyn Strathern, 1988, *The Gender of Gift*, University of California Press, 1992, *Reproducing the Future*, Manchester University Press など。

（6）Strathern, *The Gender of the Gift*, p.13. ストラザーン自身はこの語をインドを研究するアメリカの人類学者マッキン・マリオットから借用したと認めている。

（7）例えばSabine Hess, 2006, Strathern's Melanesian 'dividual', and the Christian 'individual': A Perspective from Vanua Lava, Vanuatu, *Oceania* 76。

（8）Anne-Christine Taylor, 1996, The Soul's Body and Its States: An Amazonian Perspective on the Nature of Being Human, *The Journal of the Royal Anthropological Institute* (N.S.) 2 (2), p.211

（9）Bruce Kapferer, 2011, Strathern's New Comparative Anthropology, *Common Knowledge* 17 (1), p.108

（10）里見龍樹・久保明教二〇一三「身体の産出、概念の延長　マリリン・ストラザーンにおけるメラネシア、民族誌、新生殖技術をめぐって」『思想』No.1066

（11）平野『私とは何か』四ページ

（12）モーリス・レーナルト一九九〇『ド・カモ　メラネシア世界の人格と神話』（坂井信三訳）せりか書房、二八四ページ

（13）平野『私とは何か』一二五ページ

終章

（1）以下はクロード・レヴィ＝ストロース 二〇一〇「神話の思考と科学の思考」（松本潤一郎訳）『現代思想』38（1）による。レヴィ＝ストロースが明らかにしていない神話の出典は、Jeremiah Curtin and J. N. B. Hewitt, 1918, Seneca Fiction, Legends, and Myths: Part 1, *32nd Annual Report of the Bureau of American Ethnology 1910–1911*, pp.543–555。

（2）佐藤勝彦監修『「量子論」を楽しむ本』PHP文庫、二二一—二二三ページ

（3）同右、一六五ページ

（4）同右、一九三—一九五ページ

（5）カーリン・アルヴテーゲン 二〇一三『満開の栗の木』（柳沢由実子訳）小学館文庫、二二六—二二九ページ。アルヴテーゲンはスウェーデンの女流作家で、大叔母は、スウェーデンの著名な児童文学作家のアストリッド・リンドグレーン（『長くつ下のピッピ』シリーズなどで著名）である。『満開の栗の木』を書くきっかけの一つは、量子物理学のドキュメンタリー映画を観たことだとアルヴテーゲンは語っており、量子物理学関係の資料をむさぼり読んだらしい。

（6）レヴィ＝ストロース「神話の思考と科学の思考」『現代思想』38（1）、六二ページ。別のセネカ神話では、カヌーに乗るとき体が二つに分裂し、舳先に半分、艫にもう半分が座り、陸に着いたとき二つがくっついてまた一つになる男が登場する。彼の妻になった女は男の子の双子を生み、双子は生きわかれた母方オジに出会う（Curtin and Hewitt, Seneca Fiction, Legends, and Myths, pp.472–473）。道が二本に分かれると二人に分裂する男の神話は、この神話とバージョンの関係にある。男の妻になった女もやはり男の子の双子を生み、彼らも母方オジに出会うからだ。このことを考えると、波であり微粒子のようでもある男の神話は双子の思想にもつながっていると言える。

（7）アルヴテーゲン『満開の栗の木』二二四ページ

あとがき

「ほんとうの構造主義」という題名だからといって、フーコーやバルトも本当は構造主義者だったと言いたいのではないし、これまで述べてきたことが構造主義の真実だと言いたいわけでもない。そうではなく、バルトは構造主義からやがて飛び去っていったとか、フーコーが自分は構造主義者ではないと宣言したと口にすることで、変わらず構造主義者であり続けたレヴィ＝ストロースやラカンと彼らの思考の不連続性や断絶を自明視する、つまり「本当」のことだとみなすこれまでの考え方に対する異議申し立てを反語的に表現したのが「ほんとうの」なのである。

フーコーやバルトを終生変わらず構造主義者であったと言うことは、もちろんできない。しかし、「構造主義時代」を過ぎた彼らの思考にも、なおレヴィ＝ストロースやラカンとの共通性が見られる。ブルジョワ的で政治や権力という問題を直接論じないかにみえるレヴィ＝ストロースやバルトの仕事にも、権力を論じたフーコーと共通する思考が働いている。近年さほど顧みられることのないこうした側面に注目していくことが、彼らの思想を論ずるとき、実は（＝ほんとうは）重要なのではないか。このような意味も題名には込められている。

本書はもともと入門書として企画された。しかし構造主義の四銃士とかつて呼ばれた思想家たちの考えを満遍なく教科書的に概説したものではない。執筆の最初の段階でそれは断念した。すでに触れたように、四人の思考のつながりや連続性に注目したかったからでもあるが、バルト、フーコー、レヴィ＝ストロースの業績数は厖大《ぼうだい》であり、限られた紙数で網羅することは不可能だからである。

また教科書的な記述は読者をわかったような錯覚に陥れ、その結果わざわざ彼らの著作を繙《ひもと》くことから遠ざけ、誤解を蔓延させることになりかねないからでもある。そして何より教科書は退屈である。本書が退屈ではないことを願うばかりだが、もし読者の中にこれを機に四人の著作を手に取り彼らの思考を考え直してみようという方が現れたとしたら、この本の目的は果たされたことになる。

言語が権力なら、書くことには慎みと配慮とずらしが求められるというのが、構造主義とりわけバルトから学んだことだった。この教えを違う形で突きつけてきたのがラカンだった。四人の中でラカンへの言及がほかの三人に比べて少ないと思われる方もいるかもしれない。しかし、それはラカンを軽視しているからではなく、ラカンをわかっていると言うにはほど遠いことを痛感しているからである。小説、絵画、神話、歴史資料など具体的なテクストから離れないのが、言語・権力・主体を問い直す方法としての構造主義の特徴だと私には思われるのだが、ラカンの場合、具体的なテクスト（例えば精神分析の症例）を介してその思想にアプローチするというのがきわめて難しい。意図的にそれを妨げているかのようにみえるほどだ。まがりなりにもラカンの思想の一部について書くことができたのは、石田浩之氏の『負のラカン』とオスロ大学ラネ・ウィレッスレヴ教授の民族誌 *Soul Hunters* によるところが大きい。*Soul Hunters* 第三章の引用をご許可くださったウィレッスレヴ教授に感謝するとともに、絶版になって久しい『負のラカン』の再刊を強く希望する。

本書は今回あらたに書き下ろしたものだが、第七章は、「代理母――生殖と主体」として春日直樹編『人類学で世界をみる』（ミネルヴァ書房、二〇〇八年）に発表したものに加筆したことをお断りしておく。

出版に際してはフリーの編集者斎藤哲也氏とＮＨＫブックス編集部のお世話になった。厚く御礼申し上げる。

二〇一三年十月

出口　顯

出口 顯――でぐち・あきら

● 1957年、島根県生まれ。筑波大学比較文化学類卒業。東京都立大学大学院社会科学研究科修士課程修了、同博士課程退学。島根大学法文学部助手、助教授を経て現在、同大学同学部教授。博士（文学）。専門は文化人類学。

● 著書に、『名前のアルケオロジー』（紀伊國屋書店）、『誕生のジェネオロジー』（世界思想社）、『臓器は「商品」か』（講談社現代新書）、『レヴィ=ストロース斜め読み』（青弓社）、『神話論理の思想』（みすず書房）、『レヴィ=ストロース』（河出ブックス）など。

NHKブックス［1210］

ほんとうの構造主義　言語・権力・主体

2013（平成25）年11月25日　第1刷発行

著　者　出口　顯

発行者　溝口明秀

発行所　NHK出版

東京都渋谷区宇田川町41-1　郵便番号 150-8081

電話　03-3780-3317（編集）　0570-000-321（販売）

ホームページ　http://www.nhk-book.co.jp

振替 00110-1-49701

［印刷］慶昌堂印刷　［製本］二葉製本　［装幀］倉田明典

落丁本・乱丁本はお取り替えいたします。

定価はカバーに表示してあります。

ISBN978-4-14-091210-2　C1336

NHKブックス 時代の半歩先を読む

*宗教・哲学・思想

仏像―心とかたち― 望月信成／佐和隆研／梅原 猛
続仏像―心とかたち― 望月信成／佐和隆研／梅原 猛
原始仏教―その思想と生活― 中村 元
ブッダの人と思想 中村 元／田辺祥二
がんばれ仏教！―お寺ルネサンスの時代― 上田紀行
目覚めよ仏教！―ダライ・ラマとの対話― 上田紀行
ブータン仏教から見た日本仏教 今枝由郎
マンダラとは何か 正木 晃
宗像大社・古代祭祀の原風景 正木 晃
人類は「宗教」に勝てるか―一神教文明の終焉― 町田宗鳳
法然・愚に還る喜び―死を超えて生きる― 町田宗鳳
現象学入門 竹田青嗣
ヘーゲル・大人のなりかた 西 研
フロイト思想を読む―無意識の哲学― 竹田青嗣／山竹伸二
可能世界の哲学―「存在」と「自己」を考える― 三浦俊彦
論理学入門―推論のセンスとテクニックのために― 三浦俊彦
「生きがい」とは何か―自己実現へのみち― 小林 司
自由を考える―9・11以降の現代思想― 東 浩紀／大澤真幸
東京から考える―格差・郊外・ナショナリズム― 東 浩紀／北田暁大
日本的想像力の未来―クール・ジャパノロジーの可能性― 東 浩紀編
ジンメル・つながりの哲学 菅野 仁
科学哲学の冒険―サイエンスの目的と方法をさぐる― 戸田山和久
国家と犠牲 高橋哲哉
集中講義！ 日本の現代思想―ポストモダンとは何だったのか― 仲正昌樹
集中講義！ アメリカ現代思想―リベラリズムの冒険― 仲正昌樹
〈個〉からはじめる生命論 加藤秀一
哲学ディベート―〈倫理〉を〈論理〉する― 高橋昌一郎
偶然を生きる思想―「日本の情」と「西洋の理」― 野内良三
発想のための論理思考術 野内良三
カント 信じるための哲学―「わたし」から「世界」を考える― 石川輝吉
ストリートの思想―転換期としての1990年代― 毛利嘉孝
「かなしみ」の哲学―日本精神史の源をさぐる― 竹内整一
快楽の哲学―より豊かに生きるために― 木原武一
「原子力ムラ」を超えて―ポスト福島のエネルギー政策― 飯田哲也／佐藤栄佐久／河野太郎
道元の思想―大乗仏教の真髄を読み解く― 賴住光子
詩歌と戦争―白秋と民衆、総力戦への「道」― 中野敏男
アリストテレス はじめての形而上学 富松保文
なぜ猫は鏡を見ないか？―音楽と心の進化誌― 伊東 乾

※在庫品切れの際はご容赦下さい。